The Australian Missionary Margaret S. Davies

호주인 독립운동가

마가렛 데이비스

호주인 독립운동가
마가렛 데이비스

편 저 자 · 양명득
발 행 인 · 이헌주
발 행 처 · 동래여자고등학교

펴 낸 이 · 성상건
펴 낸 날 · 2024년 6월 21일
펴 낸 곳 · 도서출판 나눔사
주　　소 · (우) 10270 경기도 고양시 덕양구 푸른마을로 15
　　　　　 301동 1505호
전　　화 · 02)359-3429　 팩스 02)355-3429
등록번호 · 2-489호(1988년 2월 16일)
이 메 일 · nanumsa@hanmail.net

ISBN 978-89-7027-935-0 03230

값 16,000원

The Australian Missionary in Korea Margaret S. Davies

Author & Editor: Myong Duk Yang
Publication: Dongrae Girls High School
Date: June 21, 2024

The Australian Missionary Margaret S. Davies

호주인 독립운동가

마가렛 데이비스

양명득 MYONG DUK YANG 편저

나눔사

John Thompson-Gray
Author of 『How Great Thine Aunt』

Dr Myong Duk Yang has published several books that tell the story of the long-standing and significant Korea-Australia relationship. His works give Koreans and Australians a better understanding of the 135 years of close people-to-people links between Korea and Australia. For nearly a year Dr Yang and I worked on a translation of The First Australian Missionary in Korea Henry Davies and His Nieces.

Working with Dr Yang was a spiritual revelation as he translated the text from English into Korean while preserving the Australian spirit. As we worked from one side of the West Pacific to the other it symbolised the spiritual linkage between five generations of Koreans and Australians. My family is Margaret's family and, on behalf of our family I congratulate Dr Yang for his splendid research and writing in honour of our beloved Margaret.

On 1 March 2022 Moon Jae-in, President of the Republic of Korea, presented Aunty Margaret with a presidential citation and the Order of Merit of National Foundation (National Medal). In May 2024 Kang Jung-ai, Minister for Patriots and Veterans

Affairs, sent me a memorial plaque honouring Aunty Margaret as one of Korea's independence heroes. Margaret's family, friends, school, university, and church appreciate that these honours were the result of Dr Yang's work.

Both sides of Aunty Margaret's family were missionaries. On Easter day 1890, her Uncle Henry Davies, caught in a snowstorm while looking for a site for his mission school, died of pneumonia in Busan.

In 1910, just as Japan colonised Korea, Aunty Margaret arrived in Busan, learnt the Korean language, and resumed her Uncle's mission as school principal. Margaret refused to take her Korean girls to the Shinto Shrine to worship the Emperor of Japan. During Korea's 1 March 1919 great independence uprising she was gaoled for protecting her schoolgirls demonstrating in the town centre. She fought fiercely for the Korean identity and language of her girls. When the treaty of Versailles did not free Korea, she restored hope in Koreans through her Christian Kingdom no one could take from them, her teaching of music no one could take from them, and her stand for Korean Independence. She had no idea that the impact of her devotion to the Korean people would inspire a legacy enduring beyond her lifetime.

Dr Yang's new publication is a great book about a great life.

Roslyn Brown
President
PWMU Victoria, Australia

This book on Margaret S. Davies, PWMU missionary to Korea in the early 20th century, is the sixteenth book in Myong Duk Yang's series on Australian Missionaries in Korea. Dr Yang has done a great service to the people of Korea, and Australians of the twenty-first century, particularly in the Synod of Victoria and Tasmania of the Uniting Church in Australia, and the Presbyterian Church of Victoria. We are indebted to Dr Yang for his careful research of historical documents and gathering of photographic evidence to help us remember our common legacies and strengthen the relationship between Christians in Korea and Victoria.

We can praise God together for His work changing the lives of men and women, boys and girls for the better, and for their eternal good, through the efforts of Margaret Davies, her fellow workers and the thousands of Koreans who received the truth about God gladly, and entrusted their lives to the Lord Jesus Christ.

Miss Davies was the niece of the very first Australian missionary to Korea, Rev J. H. Davies, and served in Chinju and Busan. Her sister, Dr E. Jean Davies, also joined the missionary team, serving as a doctor. They served together for 30 years. I am thankful to learn more about the life and work of Margaret Davies, thanks to Dr Yang. Congratulations on completing yet another important book! Let's trust that members of the younger generation today will also be inspired to use their skills to reach out to others to share the love of Jesus.

김의식 목사
대한예수교장로회 총회 총회장

Eui Sig Kim

Rev. Dr. Eui Sig Kim
Moderator, Presbyterian Church of Korea

　　호주장로교회와 호주연합교회의 한국 사랑은 특별합니다. 1889
년 조선 땅에 선교사를 파송한 이래 127명의 호주인 선교사가 한국
에서 헌신하였습니다. 그들이 일한 분야도 다양하여 목회, 교육, 의료,
복지, 노동 등 근대 한국 교회사에 적지 않은 공헌을 하였습니다. 그
중에 부산과 경남 지역에서 그들이 보인 교육 활동은 눈물겹기까지
하며, 그 발자취가 지금까지 지속하고 있습니다.

　　그중 대표적인 교육 선교사가 마가렛 데이비스입니다. 그녀는 첫
호주선교사 헨리 데이비스의 조카로 30년 동안 한국에서 일하며 봉
사하였습니다. 특히 그녀는 부산 동래에 동래일신여학교를 설립하고
교장으로 일하였습니다. 당시 한국의 미션스쿨은 일제하에 있으며 여
러 가지 고초를 겪었는데, 동래일신여학교도 예외는 아니었습니다. 신
사참배를 거부하면 폐교된다는 압박 속에 호주선교부는 결연히 결단
하였습니다. "다른 영들에게 드리는 제단 앞에서 그리고 그 앞에서 일
반적으로 행해지는 숭배 행위는 하나님의 명령을 불순종하는 것이기
에, 우리는 그러한 참배를 할 수 없고 우리의 학교들에도 그렇게 하도
록 지시할 수 없다."

결국 마가렛 데이비스 교장은 신사참배를 거부하고 사표를 내었고, 호주로 귀국하였습니다. 일제가 패망하고 해방된 후, 개명된 동래여자중고등학교는 나날이 발전하여 부산의 명문 학교가 되어 현재도 많은 여학생을 교육하고 있습니다.

본 저서의 편저자 양명득 선교사는 그동안 호주선교사 시리즈를 집필 발간하며 한국과 호주교회의 역사 발굴과 그 관계를 더욱더 가깝게 하고 있습니다. 그의 노력을 통하여 묻혀있던 선교사들의 편지와 보고서가 한국교회에 공개되고, 하나님이 행하신 역사를 알게 되니 그 작업은 가치 있다 하겠습니다.

아무쪼록 본 저서를 통하여 호주선교사들의 공헌이 한국 사회에 더 잘 알려지기를 바라며, 마가렛 데이비스의 하나님 사랑과 그분을 위한 헌신이 한국교회에 도전이 되기를 바랍니다.

이헌주

동래여자고등학교 교장

Lee Heonju,

Principal, Dongrae Girls High School

내년이면 우리 학교가 개교 130주년을 맞이합니다. 이는 우리나라 근대화 및 신교육의 역사와 궤를 같이할 뿐만 아니라 국가와 민족의 비운 속에서 수없이 존폐의 위기를 겪으면서도 성장과 발전을 이룩해 온 대한민국 교육의 역사라고 할 수 있겠습니다.

우리 학교의 전신인 일신여학교는 1895년 호주 장로교선교회의 여선교사들에 의해 부산진(지금의 동구 좌천동)의 삼간 초옥을 요람으로 하여 시작되었습니다. 일신여학교의 민족의식 고양과 배일적 분위기는 교사와 학생들의 반일 의식 형성에 영향을 미쳐 1919년 부산·경남지역 최초로 3·11 독립만세운동을 일으켰고, 박차정, 박순천, 양한나, 공덕귀 등 많은 독립운동가와 여성 지도자를 배출했습니다.

동래여자고등학교의 교장으로서 저는 '과거를 잊지 않는 것이 곧 뒷일의 스승이 된다.'(前事不忘 後事思也)와 '지나간 일을 기록하여 다가올 일을 안다.'(述往事 知來者)는 말과 같이 미래는 과거로부터 온다는 사실을 기억하고 역사와 전통의 계승을 통해 우리 학교가 급변하는 교육환경 속에서 미래 교육을 리드하는 명문사학으로 거듭나기 위해 노력하고 있습니다.

마가렛 데이비스 교장은 1910년 도임(到任)과 더불어 일신여학교의 교사로 첫발을 내디딘 후, 근 30년간이나 교장으로 봉직하며 고매한 인격과 투철한 교육관으로 학교 발전을 위해 온갖 노력을 다한 분입니다. 일신여학교를 중등학교로 승격 개편시키고, 1940년 일제가 강권한 신사참배를 거부하여 학교가 폐교의 위기에 직면하였을 때 구산학원(현 동래학원)으로의 경영권 이관을 가능케 함으로 학교를 존속시키는 등 탁월한 업적을 남겼습니다.

우리나라의 개항 이후 부산·경남 지역에서 활동했던 호주 선교사들을 오랫동안 연구하고 집필 활동을 해 오신 양명득 박사님이 이번에는 일신여학교 교장의 대명사인 마가렛 데이비스에 관한 책을 집필하여, 동래여자고등학교의 이름으로 발행할 수 있도록 배려해 주셨습니다. 무척 감사한 일입니다.

데이비스 교장이 30년 동안 본국에 보낸 편지와 각종 보고 자료, 사진 등으로 구성된 이 책을 읽으며 일신여학교 당시의 생생한 학교 상황이 선명하게 다가옵니다. 일신여학교와 학생들에 대한 마가렛 데이비스 교장의 헌신적인 노고와 숭고한 희생에 새삼 깊은 존경의 마음으로 고개를 숙입니다.

올곧은 신앙과 교육

올해 2024년 3월 출근길, 구로역을 지나는데 낯익은 얼굴이 담긴 포스터가 역 게시판에 붙어 있었다. 마가렛 데이비스의 얼굴이다. 그녀가 벨레 멘지스와 데이지 호킹과 함께 국가보훈부 '이달의 독립운동가'로 소개된 것이다. 호주인인 이들이 한국의 첫 독립유공자가 된 것도 놀랍지만, 이들의 얼굴이 전국의 기차역과 학교에 이렇게 소개되고 있다는 사실도 신기하였다. 그동안 기독교계에서만 알려지던 이들 호주인이 일반 사회에도 널리 알려지고 있어 반가운 마음이었다.

2022년 벨레 멘지스에 관한 책을 출판하고 마가렛 데이비스에 관한 책도 언젠가는 준비하려고 생각하고 있었는데, 그 역에 붙어 있던 포스터가 필자로 하여금 그 계획을 앞당기게 하였다. 기독교인뿐만 아니라 일반 국민도 감동적이고 영감적인 그녀의 스토리를 듣게 하고 싶었다. 그리고 지금 그 결과물을 한국 사회에 내어놓으며, 책의 제목도 '호주선교사'가 아닌 '호주인 독립운동가'이다.

마가렛 데이비스는 어쩌면 1919년의 그 '독립운동' 혹은 '만세운동'에 직접 가담하지 않았을지 모른다. 그러나 그녀가 교장이었던 학교의 적지 않은 학생이 당시 부산에서 발발한 독립운동에 참여하고, 그들의 옥 뒷바라지를 하였다는 사실만으로도 그녀는 대한민국 정부의 인정을 받을 만하다. 그만큼 그녀는 학생들에게 올곧은 신앙과 사상을 가르쳤기 때문이다.

마가렛 데이비스가 자신의 청춘을 바쳐 그토록 심혈을 기울였던 동래일신여학교, 지금의 동래여자고등학교에서 본 도서를 발행하게 되어 기쁘다. 필자의 출판 제안을 선뜻 받아주시고 자료를 제공한 이현주 교장 선생님께 감사드린다. 또한, 동래읍교회의 감사패 이미지를 사용할 수 있도록 허락한 박혜진 박사님께도 감사드린다. 본 도서에 실린 많은 사진과 이미지의 출처를 가능한 한 모두 밝히었고, 출처가 불분명한 사진은 그 근거를 계속 찾는 중이다.

마지막으로 본 도서를 위하여 축하의 글을 쓰신 대한예수교장로회 김의식 총회장님과 '헨리 데이비스와 그의 조카들' 저자 존 톰슨-그레이 씨, 그리고 빅토리아여선교연합회 로즐린 브라운 회장님께 이 자리를 빌려 깊이 감사드린다.

양명득 박사
Dr. Myong Duk Yang
Author & Editor

13

차 례

1장 마가렛 데이비스의 편지와 보고서 그리고 사진

2장 호주선교사 마가렛 데이비스

1장

마가렛 데이비스의 편지와 보고서 그리고 사진

Letters, Reports and Photos of Margaret S. Davies

1. 존과 애니 데이비스의 딸

1886년 1월 21일 존 조지 데이비스는 버닌용의 토마스 헤이스티 딸인 바바라 애니 헤이스티와 결혼하였다. 얼마 후에 존은 알란스포드교회로부터 청빙을 받았고, 1887년 1월 12일 마가렛 샌드먼 데이비스가 알란스포드 사택에서 출생하였다.

(톰슨-그레이, 『첫 호주인 선교사 헨리 데이비스와 그의 조카들』, 2020, 160)

Daughter of John and Annie Davies

On 21 January 1886, John George Davies married (Barbara) Annie Hastie, daughter of Thomas Hastie at Buninyong. Soon after, John obeyed a call from the Allansford Congregation and before long a daughter, Margaret Dandeman Davies was born at the Allansford Manse on 12 January 1887.

(J T-Gray, 『How Great Thine Aunt』 2018, 4)

마가렛(우측)과 동생 진 데이비스, Margaret(right) & Jean
Davies, 1882(Photo: Davies Family Album)

2. 프레스비테리안 레이디스 칼리지 입학 명부

데이비스 마가렛 샌드먼 – 시리얼 38번
1902년 2월 10일 월요일 1학기

생년월일 1887년 1월 12일, 15살
부: 존 데이비스 목사/엘스톤위크 시무어 가/ 종교: 장로교
마지막 학교: 클라레돈 칼리지, 발라렛
기타: 대학 입학을 위하여 지리학 취소하고 그릭어 예비반, 정부
가 2년간의 장학금 이체, 내년 대학 입학시험을 위하여 멜로디에서 하
모니 음악

학교 고문서관 제공
(톰슨-그레이, 2020, 165)

Presbyterian Ladies' College East Mebourne

Serial No. 38 Davies Margaret Sandeman
10th Feb 1st Term 1902

DOB: Jan 12, 1887. Age 15
Father: Rev. John G. Davies, Seymour Rd E'wick, Presbyterian
Last school: Clarendon College, Ballarat in Sub-Matric

Extra: to do Greek preparatory for University dropping Geography. Transferred 2 years of Scholarship fees by Govt. To take Music from melody with a view to Matric next year.

By courtesy of PLC Archivist

(J T-Gray, 9)

3. 멜버른대학교 졸업

멜버른대학교 오몬드칼리지 기숙사생인 마가렛은 1905년 3월에 공부를 시작하였다. 입학번호는 50066이다. 그리고 5년 후인 1910년 4월 16일 졸업식에서 그녀는 문학 석사와 교육학 디플로마를 받았다. 그리고 그해 디커니스 훈련과정을 마쳤다.

(톰슨-그레이, 2020, 167)

Master of Arts

Margaret, in residence at Ormond Collge, started at Melbourne University in March 1905 (Enrolment No. 50066). At graduation on 16 April 1910 the University conferred on her

the degrees of Master of Arts and Diploma of Education. She
attedned the Deaconess Course during 1910 and was ready to
travel to Korea in November.

(J T-Gray, 10)

---

4. 교육선교사로 승인되다

    한국의 선교사 자리를 신청한 마가렛 데이비스의 편지를 읽다. 한
국에 교육자를 보내 달라는 우리의 기도에 응답하신 하나님께 크게
감사하며, 그녀의 신청을 받기로 핸더슨 양이 동의하다. 알렉산더 부
인이 제청하고, 만장일치로 통과되다.
    데이비스 양을 내년에 파송하기로 동의하다. 필요한 준비를 할 수
있도록 임원회에 권한을 위임하다.

(빅토리아여선교연합회 회의록, 총회 회관, 1909년 6월 15일, 오전 11시)

The Birthday Missionary Fund

    To the great plesure of all present, Mrs. J. D. Burns reported
that she had about 50 pound promised annually for the Birthday

Missionary, and over 30 pound in donations. She asked that the Committee nominate Miss Margaret Davies as the Birthday Missionary.

It was unanimously agreed that Miss davies be the Birthday Missionary, and Mrs. Burns asked that many more of our members who would make a thank-offering on their birthday, and send it to her for the fund.

(Quarterly Meeting of the PWMU General Committee, the Assembly Hall, June 15, 1909, 11am)

5. 첫 한국선교사의 조카

빅토리아여선교연합회 활동에 관심이 있는 국내와 국외의 사람은 부산진의 여학교 교사를 위하여 기도해 왔다. 하나님이 그 교사를 예비해 두셨다는 것이 이제 분명해 졌다. 한국 첫 선교사 헨리 데이비스의 조카 마가렛 데이비스가 그 일에 자원하였고 승인되었다.

데이비스 양은 문학 석사 학위자이며, 현재 교육 디플로마 과정 2학년이다. 예비 선교사는 모두 디커니스훈련원에서 훈련받아야 하는 규정에 따라, 그녀도 그것을 따를 것이다. 그녀는 자신의 활동을 위하여 모든 방면에서 준비되기 원하고 있다. 그러므로 그녀는 1910년 후

첫 한국선교사 헨리 데이비스 First Missionary to Korea
Joseph Henry Davies, 1889(Photo: Davies Family Album)

반에 한국으로 떠날 것이다.

데이비스 양의 훈련 기간 하나님의 큰 축복이 함께 하시기를 회
원 여러분 모두가 기도해 주기를 요청한다.

(['더 크로니클', 1909년 7월 1일, 1)

6. 선교가 있는 곳이 신앙인의 중심지

한국과 그 관계된 나라로 출발하는 대표단은 9월 28일 시드니로 떠난다. 대표단은 다음과 같이 구성되었다. 프랭크 페이튼 목사, 그레함 벨포어 목사, 길란더스 씨, 앤더슨 씨, 멜버른의 평신도 1~2명 미정 그리고 시드니와 아델라이드 대표도 포함될 수 있다.

데이비스 양과 그녀의 모친 애니, 그리고 프레더릭 매크레이 목사 역시 함께 갈 것이다.

이러한 교회 대표단이 선교 현장을 방문하는 것은 처음이다. 우리 교회 지도자들이 마침내 세계 복음화를 위하여 책임을 진다는 많은 증거 중의 하나이며, 점점 더 많은 지도자가 캔터베리 대주교의 말에 동의하고 있다. "선교 활동이 있는 곳이 모든 곳의 중심이다."

데이비스 양이 한국에 도착하면 우리의 여성 선교사는 다섯 명(한 번에 가장 많은 수이다)에서 여섯 명으로 증가하는 진보가 있는 것이다. 그러나 이런 발전이 있다고 해서 우리는 만족할 수 없다. 선교 현장에 남성만큼 여성도 있어야 한다고 에든버러대회가 강조하였다. 초기에는 한국에 남성보다 여성 선교사 수가 더 많았다. 그러나 지금은 그것이 바뀌었다. 올해 말 한국에 7명의 남성과 6명의 여성이 일하게 된다. 만약 관대하고 자유롭게 돕는 선교사의 아내를 포함하지 않으면 말이다.

우리 연합회는 섬김을 위한 자원을 받으며, 일이 기다리고 있으며, 그 일꾼을 보낼 기금이 필요하다. 이것은 각 지부가 가장 효율적으로 노력해야만 달성할 수 있다. 각 회원은 이 일을 통하여 기도의 능력과 헌신의 기쁨을 체험할 것이다.

('더 크로니클', 1910년 9월 1일, 1)

바바라 애니(마가렛의 모친)와 앤지
Barbara Annie & Angie(Photo: Davies Family Album)

7. 마가렛 데이비스는 누구인가

　　데이비스 양은 곧 자신이 선택한 일이 있는 한국으로 떠날 것이다. 그녀는 부산의 여학교를 책임 맡을 것이며, 이 일을 위한 훌륭한 자격을 갖추고 있다. 문학 석사 학위를 우등으로 졸업하였을 뿐 아니라 교육학도 수료하였는바, 스미스 박사의 지도하에 2년간 훈련을 받았으며, 교육의 이론과 실제 모두에서 1등을 차지하였다. 그녀는 또한 디커니스훈련원에서 4개월 동안 훈련을 받았다. 우리는 그녀를 '교사로 태어났다'라고 한다. 그녀는 그 일을 사랑하며, 철저하게 능률적이다.

　　그러나 데이비스 양은 그 어떤 것 보다도 더 높은 자격이 있다. 기독교 가정에서 태어났는바 부친은 존 데이비스이고 외조부는 토마스 헤이스티 목사이다. 그는 우리의 개척자 중 한 명이고 신실하게 섬겨 모든 교회의 존경을 받고 있다.

　　데이비스 양은 일찍부터 그리스도께 헌신하였고, 부친이 있던 코롬부라교회의 매우 젊은 수세자이었다. 그녀를 어릴 적부터 보아왔던 사람들은 그녀가 어떻게 잘 자랐는지 안다. 마침내 선교의 부름이 오자 그녀는 충성된 종으로 순종하였고, 자신의 젊은 삶과 성취를 주님을 위하여 기쁘게 바치기로 하였다. 그녀의 부모도 똑같이 그녀를 주님의 사역에 귀한 선물로 드리기로 하였다.

　　한국은 그녀의 삼촌인 고 헨리 데이비스의 가족을 매우 성스럽고 특별하게 여긴다. 그는 그 땅에 친교연합회가 파송한 우리 교회의 첫 선교사였다. 그는 6개월의 짧은 활동 후에 자신의 주님 품속으로 영원히 가게 되었다. 많은 우리의 지부가 데이비스 양을 만나거나 그녀의 간증을 들을 기회가 있었는바, 그녀의 총명함과 순수함과 진실함에 끌렸다. 많은 회원이 사랑의 기도와 관심으로 그녀를 응원할 것이다.

데이비스 양은 '생일 선교사'로 나가게 된다. 그 말은 우리 회원들이 내는 생일 감사헌금으로 지원을 받게 된다는 것이다. 더 많은 회원이 '생일 기금'에 동참하리라는 것을 믿는다. 이러한 헌신 되고 은혜로운 일꾼으로 인하여 우리는 하나님께 감사하며, 우리의 이름으로 나아가 일하는 것을 지원할 것이다.

('더 크로니클', 1910년 10월 1일, 3)

Who is Margaret Davies?

Miss Davies will be on her way to Korea, where her chosen work is to be. Miss Davies goes to take charge of the girls' school at Fusan, and for this position is singularly qualified. She has not only passed the final honour examination in Arts for the M.A. degree, but secured the diploma of education. She took the two years' course at the Training College, under Dr. Smith, and held a first-class place both in the theory and practice of teaching. She also spent four months in the Deaconess' Institute. Miss Davies is what we call 'a born teacher'. She loves the work and is throughly efficient in it.

But Margaret Davies has even higher qualifications than any of these for the work to which she has devoted herself. She comes of godly parentage, the daughter of the Rev. J. G. Davies, and granddaughter of the Rev. T. Hastie, one of our pioneer ministers, faithful in service and revered by all the Churches. She early gave herself to Christ, and was received as a very young communicant in her father's Church at Korumburra. Those of us who knew hwe well from her infancy never knew her to be anything but good. When the mission call came to her, she yielded herself to it with loyal obedience, laying her young life and all her attainments gladly on God's altar of service, and her parents, no less loyalty, gave her as their precious gift to the Lord's work.

Korea has for the family a very sacred and special interest, the late Rev. J. H. Davies (Margaret's uncle) being the first missionary of our Church to that land-sent out by the fellowship Union. After six short months of labour, he was taken Home to his eternal service in the presence of his Lord. Many of our branches have had the opportunity of meeting with and hearing Miss Davies, and everywhere hearts have been drawn to her by her brightness, unaffectedness and earnestness, and very many will follow her with loving and prayful sympathy and interest.

Miss Davies goes out as our 'Birthday Missionary' that is to say, she is supported by the birthday thank offerings of our members. We trust that many more will avail themselves of the joy and privilege of joining our 'Birthday Missionary Fund'. For such a worker, so devoted and gracious, and help to support her in the work to which she has gone forth in our name.

M.B.

('The Chronicle', October 1, 1910, 3)

8. 파송예배

　　빅토리아주의 많은 교인이 여러 곳에서 와 큰 관심을 보이며 파송식에 참석하였다. 오후 7시에 스코트교회당은 이미 교인들로 넘쳐났고, 7시 반에는 앉을 자리가 없어 서거나 입장을 못 하였다.

　　파송예배 시작이 조금 늦어졌다. 연설자들도 5분 안에 자신의 연설을 다 마치지 못하여 밤 10시가 지나서야 축도를 끝으로 모두 마쳤다. 그런데 서 있는 사람조차도 미리 자리를 뜬 사람이 없었다. 박수 소리는 없었으나 순서자들의 연설이 끝날 때마다 알아들을 수 없는 탄성이 모임 중에 울렸다.

파송예배 순서 Order of Commisioning Service

사회자(Leader):	매크레이 스튜어트 목사(Rev D. M. Stewart)
성가대(Choir):	학생자원동아리(Student Volunteer Band)
설교(Sermon):	총회장(The Moderator)
특송(Solo):	맥닐 양(Miss M'Neil)
답사(Response):	마가렛 데이비스(Margaret Davies)
격려사(Encouraging Words):	왓슨과 매크레이(Revs Watson & Macrae)
격려사(Messages):	케인즈 박사, 러브 씨, 위시아트 씨
응답사(Responses):	벨포어 목사, 길란더스 씨
	(Rev Belfore, Mr Gillanders)
축도(Benediction):	프랭크 페이튼 목사(Rev Frank Paton)

마가렛 데이비스 - 문학 석사, 교육학 디플로마
Margaret Davies – M.A., Ed., Diploma
(Photo: 'The Chronicle', 1910)

데이비스 양은 자신과 자신의 동역자들이 느끼는 감정을 우화적으로 이야기하였다. 자신들은 새 장을 여는 어린아이와 같으며, 더 힘든 일을 위하여 떠나며, 기쁘지만 두렵기도 하고, 위대한 교사인 주님과 동행한다고 하였다.

왓슨과 매크레이는 말하기를 자신들은 '희생'을 하기 위하여 떠나는 것이 아니라고 하였다. "빚을 갚기 위한 것이 희생이라면 선교를 희생이라 할 수 있겠지만, 그런 희생은 아닙니다. 이것은 우리들의 의무이자 영광이자 기쁨입니다…. 십자가의 그늘 아래 있는 사람은 희생을 이야기해서는 안됩니다."

('더 크로니클', 1910년 10월 1일, 3)

* 파송예배 순서는 보고서를 바탕으로 역자가 재구성한 것임.

9. 부산진에서의 환영

마침내 우리는 한국에 도착하였다. 실감은 잘 안 나지만 말이다. 기대한 것 이상이라고 말할 수 있다. 어제 아침 7시 우리는 멀리서 한국 땅의 산을 보았다. 안개 때문에 더 어렴풋이 보였다. 그러나 곧 시야가 트였고, 아침 식사 후에 우리는 급히 갑판으로 나가니 이제 거의 왔다는 것을 알았다.

마가렛과 모친, 부산 데이비스의 무덤에서 Margaret & Annie at the H. Davies Grave in Busan, 1910(Photo: 'Glimpses of Korea', 18)

    흐리고 구름이 낀 아침이었지만 부산 항구는 아름다웠다. 언덕들은 우리가 예상한 것처럼 그렇게 헐벗어있지는 않았다. 벼가 심겨 있는 논이 언덕을 따라 계단식으로 되어있었고, 다른 언덕에는 작은 소나무나 다른 종류의 나무가 여기저기 서 있었다. 다채로운 풍경이었다.

    항구에서 기다리고 있던 엥겔 부부와 맥켄지 씨를 만나는 것은 큰 기쁨이었다. 아침에 습기 때문에 무어는 오지 못하였다. 그녀는 병환 이후 류머티즘을 겪고 있다. 우리가 도착하여 짐을 기다리고 있는데 소나기가 쏟아졌다. 다행히 우리가 새 부산역으로 걸어갈 때는 비가 그쳤다. 빅토리아의 대부분 기차역보다 훨씬 좋은 역이었다.

아담슨 부부를 기차역에서 만났고, 앤더슨 씨, 허친슨 씨 그리고 매크레이 씨는 그의 손님으로 초량에서 함께 내렸다. 좀 더 가니 부산진역이 나왔는데 도시에서 떨어진 우리의 작은 시골 역 같았다. 역 앞 조금 떨어진 곳에 견고한 높은 언덕이 있었다. 언덕 위에는 하얀 구름이 떠 있었는바, 우리의 스코틀랜드인은 자신의 고향 모습을 생각나게 한다고 하였다. 여기저기 피어 있는 코스모스는 호주인에게도 고향 같은 느낌을 주었다. 이때 해가 나왔고, 그때부터 지금까지 날씨가 화창하다. 이 시기 날씨는 그야말로 최고이다.

부산진역에서 우리는 대여섯 명의 한국인 일꾼들을 만났다. 그중 심 장로는 가장 세련되고 아름다운 얼굴을 갖고 있다. 그만이 약간의 영어를 하였고, 다른 이들은 악수하며 우리를 따뜻이 환영하였다.

그리고 오! 여성들의 환영! 압도적인 환영은 우리를 감동케 하였고, 눈에 눈물이 맺힐 정도였다. 그들은 교회당 안에서 우리를 기다리다 문에서 우리를 맞았다. 이들은 참 예쁘고 사랑스러운 방법이 있었다. 자신들의 두 손으로 우리의 손을 잡고 부드럽게 만지며 놓아주지 않을 것 같았다. 사랑스러운 빛 나는 얼굴로 환영의 말을 조근거렸다. 그들의 환영은 나의 가슴 속 깊은 곳으로 들어왔다. 다른 동료들도 이곳에서 일하면 좋겠다고 할 정도였다.

무어가 부산진 단체를 모두 아침 다과회에 초청하였다. 우리는 '우리의 집'에서 즐거운 시간을 나누었다. 자랑스럽게 말할 수 있는 집이다. 아침 공부 후 학교 교사인 금이, 매물이 그리고 도선이가 우리에게 인사하려고 왔다. 이들은 너무 흥분되어 지난 밤잠을 잘 자지 못하였다고 하였다. 이들은 연한 파란색 저고리와 흰색 치마를 입었고, 순수하고 신선하고 사랑스럽게 보였다. 여러분이 아는 대로 가여운 작은 금이는 장애가 있고 예쁘지는 않지만, 매우 다정한 목소리를 가지고 있다. 그녀가 영어로 이야기하여 매우 반가웠다. 그녀가 나의 한국어 공부를 도와줄 것이다. 매물이는 예쁜 아이로 부드러운 갈색 눈을 가지고 있고, 도선이도 매우 친절하게 보인다. 나는 이들이 이렇게 매력적일 줄 몰랐고, 계속 쳐다보게 된다.

오후에 나는 무어와 함께 학교와 고아원을 방문하여 사진을 많이 찍었다. 비가 오는 아침이어서 평소보다 학생 수가 적었지만, 교실에 학생들이 적잖게 있었다. 상급반 여학생들은 최근 부임한 일본인 교사에게 배우고 있었다. 엥겔 부인이 영어를 가르쳐왔는데 이제 나에게 넘겨줄 것이다.

선교관의 위치는 훌륭하다. 둘 다 멋진 풍경을 가진 집이다. 그러나 고아원은 낮은 곳에 있는바, 비가 온 후에는 마당이 오랫동안 마르지 않는다. 보건상 좋지 않은 위치이다.

더 많은 것을 쓸 수 있지만 여기서 멈추고 다른 편지도 써야 하겠다. 어제 아침에 매우 인상적인 예배가 있었다. 페이튼이 설교하고 엥겔이 통역을 하였다. 우리는 한국어를 이해하지 못했지만 큰 힘을 느낄 수 있었다. 나는 나의 책임인 오르간을 연주하였다. 나와 엄마와 켈살 양은 진주의 여성들로부터 초청을 받았다. 이달 21일 그곳에 열흘 정도 머무를 계획이다. 무어도 우리와 함께 갈 수 있기를 희망하지만 잘 모르겠다.

당장 언어교사를 구하지 못하고 있다. 엥겔이 찾고 있고, 진주에서 돌아온 후 가능할 것이다. 동시에 나는 소녀와 여성들에게서 조금씩 배울 것이다.

한국, 11월 3일.

('더 크로니클', 1911년 1월 2일, 5)

10. 생일 선교사 기금

1910년 12월 31일 결산서

<수입>

후원금	65파운드 18실링 0펜스
연회비	
1908	28파운드 18 0
1909	74파운드 10 5
1910	108파운드 17 5
총	**278파운드 10 10**

<지출>

데이비스 양

4월 5일	디커니스훈련원 학비	15파운드 12 6
4월 11일	의상	20파운드 0 0
8월 3일	한국 선박 비용	25파운드 10 0
9월 1일	1911년 9월까지	80파운드 0 0
12월 31일	잔액	136파운드 8 4
총		**278파운드 10 10**

감사 리차드 갈로웨이

(번스데일, 1911년 1월 10일)

11. 호주선교회의 교육 정책

우리의 교육 정책을 다음과 같이 채택하다.

 A. 여학생 교육
  1. 소학교
  (1) 선교회는 선교사가 주재하는 각 선교부에 여자 소학교 한 개씩 운영하는 것을 초등 교육 정책으로 한다.
  (2) 각 여자 소학교는 외국 여성 교육선교사가 책임을 맡는다.
  (3) 선교회는 선교사가 주재하는 각 선교부에 학교 건물과 기숙사를 세운다.
  (4) 각 선교부에 선교회가 제공하는 것은 (a) 학교 건물, (b) 최고 40명의 학생을 위한 토착 형태의 충분한 기숙사 방,
  (5) 이 건물과 설비를 위한 재정은 350파운드를 넘지 않는다.
  (6) 선교회가 기숙사생과 연관된 재정을 지원하지 않으며, 특별한 경우만 선교회가 심사한다.
  2. 중등학교
  (1) 선교회는 온전히 설비가 갖추어진 중등여학교 한 개를 유지한다.
  (2) 선교회는 이 학교에 최소 두 명의 외국 여성 교육선교사를 제공한다.
  (3) 우리의 현재 선교지가 전체 도를 포함하지 못할 시 이 학교는 진주에 주재한다.

(4) 학교 건물을 위하여 엥겔, 커를 그리고 해외위원회 총무로 구
성된 위원회를 임명하고, 다음 모임에 보고토록 한다.

B. 남학생 교육

1. 소학교

남학교를 운영하는 것이 선교회의 정책은 아니지만, 토착 교회가
온전히 책임질 수 있을 때까지 선교회는 선교사가 주재하는 각 선교
부 지역의 남학교를 지원할 수 있다.

2. 중등학교

(1) 선교회는 온전히 설비가 갖추어진 중등 남학교 한 개를 유지
한다.

(2) 선교회는 이 학교에 최소한 한 명의 남성 교육선교사를 제공
한다.

(3) 우리의 현재 선교지가 전체 도를 포함하지 못할 시 이 학교는
진주에 주재한다.

학교 건축 등에 관한 질문은 여자 학교를 위해 임명된 위원회에
넘기기로 하다.

선교회의 중등학교는 우선으로 기독교 학생을 위한 것이지만 여
유가 있을 시 약간의 다른 학생도 받을 수 있다. 동의 제정하다. 통과
되다.

선교회는 대학교를 운영하지 않는 것을 정책으로 하되, 다른 선교
회가 운영하는 대학교와 협력할 수 있다. 통과되다.

선교회의 정책은 평양유니온신학교 운영을 다른 장로회 선교회
와 함께 계속하도록 한다. 통과되다.

선교회는 평양의 신학교에 학생들을 위한 기숙사를 세워 운영하
기로 동의 제정하다. 통과되다.

[호주선교사 공의회 회의록, 부산진, 1911년 1월, 10-12]

한국 방문자와 선교사 Visitors from Australia & Missionaries, Early 1910s.
(Photo: PCV Archives)

12. 한국어 이름

나의 언어교사는 무어를 가르쳤고, 클라크도 잠시 가르쳤던 김승원이다. 그는 교회 회계이고, 경애하는 노인 신사이다. 첫 주에 나의 한국 성으로 인하여 큰 토론이 있었다. 마침내 '대신하여'라는 의미의 이름이 결정되었다. '대'라고 발음하는데, 엥겔은 내가 삼촌을 대신하니 적절한 이름이라 하였다. 김승원도 말하였다. "맞습니다. 예수 그리스도를 대신하기도 합니다." 많은 한국 기독교인들은 선교사를 이런 시각으로 보고 있고, 우리를 매우 겸손하게 만든다.

매일 오후 나는 반 시간 정도 학교를 방문하여 돌아가며 반을 참관하고 있다. 매우 흥미롭다. 작은 일본 여성은 매주 두 번씩 와 상급반 학생을 가르치고 있다. 한국어를 모르면서도 그녀는 관계를 잘 맺고 있다. 한문을 통하여 의사소통하며, 교실의 여러 물체를 일본어로 반복하며 가르치고 있다.

그다음 반은 금이가 책임 맡고 있다. 그림 과목을 가르치고 있는데 쉽지 않은 환경이다. 학생 모두 책상과 의자가 있는 것이 아니고, 큰아이 여덟 명은 바닥에 앉아 배운다. 그러나 시끄러운 소리는 가장 큰 방에서 나는바, 두 개의 가장 어린 반이 있다. 아이들은 바닥에 줄 맞추어 앉아 공부한다. 시끄럽다고 질서가 없는 것도 아니다. 매물이는 학생들을 잘 다루고 있다. 동양에서 그렇듯이 여기도 학생들은 몸을 앞뒤로 흔들며 배운 것을 한목소리로 암송한다. 주일에 성경 구절과 찬송가를 외우는 것처럼 말이다.

주일에 주일학교 반을 가보면 매물이의 지도하에 학생들이 찬송을 부른다. 그녀와 도선이가 반을 각각 하나씩 맡고, 엥겔 부인은 금이의 도움을 받아 여성들을 가르친다. 무어는 아침에 6마일 떨어진 동래에 가 가르친다.

도선이를 잊어버릴 뻔했다. 그녀는 너무 조용하여 다른 두 명의 교사보다 두드러지지는 않지만, 모두가 그녀를 사랑하고 그녀는 점점 확신에 차고 있다. 그녀가 유럽 지리를 가르치는 내용을 보면 참 흥미롭다.

어제는 학교에서 성탄 선물을 나누어 주었다. 언급한 세 명의 교사가 선물을 샀고, 교실을 꾸몄고, 게임을 인도하였다. 모두 진지하고 질서있게 참여하였다. 게임에서 이긴 학생들은 공책, 연필, 인형, 손수건, 목걸이 등을 받았다. 저녁에는 성탄 트리가 세워졌고, 불을 밝혔다. 아이들은 성탄 노래를 불렀다. 초량의 정부 학교에서 온 교사가 연설하였고, 기도하였다. 우리가 생각하는 성탄절과 아주 달랐지만, 어린아이들에게 행복한 날이었다.

부산진, 12월 27일.
('더 크로니클', 1911년 3월 1일, 2-3)

My Korean Name

There was a great discussion the first week over my name. The one finally decided on has the meaning of 'in the place of.' It is pronounced 'Day,' and Mr Engel thought it would be appropriate, because I had, in a sense, come instead of my uncle. 'Yes', said Kim Seng Wun, 'and in place of Jesus Christ.' That is the way many of the Korean Christians look upon the missionaries, and it makes one feel so utterly unworthy.

('The Chronicle, March 1, 1911, 3)

13. 오르간 연주 과목

견고한 산과 깨끗한 공기가 있는 한국의 겨울은 매력적이다. 그러나 봄이 올 때의 놀라움은 이 땅의 아름다움을 조금이나마 보여준다. 지난 4개월 동안은 황폐해 보이는 갈색의 산이었지만 지금은 부드러운 녹색으로 바뀌었다. 보리 싹이 나오기 시작하였고, 곧 고개를 숙일 정도로 익을 것이다. 야생의 진달래와 붓꽃 그리고 바이올렛이 언덕 위에 피고, 신성한 나무들이 잎을 낸다. 매주 다른 꽃과 색을 내며 끊임없이 바뀌다가 이제 장미가 피고 있는데 최고로 아름답다.

겨울이 지나가는 것보다 더 주목할 일은 옛 한국이 지나가고 있다는 것이다. 우리는 그 징조를 여러 곳에서 보고 있다. 한때 은둔의 나라로 불렸던 이곳이 외부의 영향으로 다시는 이제 예전으로 돌아갈 수 없을 것이다. 우리의 부산진여학교에도 그 영향이 있다. 얼마 전까지만 해도 여성을 위한 교육은 거의 알려지지 않았고 여성 대부분은 글을 읽거나 쓰지 못하였다. 그러나 현재 젊은 여성들은 지식을 갈망하고 있는바 그들을 만족시킬 수 없다. 한 달에 4다임도 안 되는 학비로 오르간 연주 과목이 포함될 수 없다고 그들을 설득해야 할 정도였다. 만약 오르간을 배우기 원한다면 한 달에 1엔을 내고 과외수업을 받을 수 있다고 알렸다. 1엔은 우리의 2실링 정도이다.

학비를 받으면서 학생의 수가 조금 줄어든 것이 사실이다. 그러나 큰 영향은 없다. 아직 60명이 출석하고 있다. 이 변화는 결국 모두에게 도움이 될 것이고, 부모와 학생이 교육의 가치를 더 잘 알 것이다.

새 학기가 시작되기 전, 모두가 슬퍼하며 금이와 이별하였다. 학생들이 역 앞에 두 줄로 섰고 금이가 모두와 인사하였다. 기차가 움직이기 시작하자 여기저기서 울음소리가 들렸다. 불쌍한 작은 금이는 평양에서 고향을 그리워하며 우리에게 다시 돌아오기 원하였지만, 지금은 그곳에 잘 정착하고 있다. 그녀가 공부를 다 마치고 어서 돌아와 우리 학교에 큰 도움이 되기를 바란다.

평양에서 김화순이 와 금이 대신 가르치고 있다. 그녀는 영리하고 능력이 있고 동시에 사랑스러운 여성이다. 그녀는 도선과 함께 상급반 4반을 가르친다. 매물이는 한문 과목만 제외하고 저학년 반을 다 맡고 있다.

부산진, 5월 29일.
['더 크로니클', 1911년 8월 1일, 8]

14. 고아원의 풍경

부산진의 방학 기간은 정기적인 일상을 많이 바꾸었다. 방학 전 김화순은 아픈 모친을 돌보기 위하여 평양으로 돌아갔다. 모친은 결국 사망하였고 우리는 김화순에게 위로의 편지를 보내고 기도하였다. 김도선도 고향에 갔는데 평양이다. 그리고 기숙사의 달순이도 부친의 집으로 갔다.

고아원에는 매물이, 봉남이 그리고 5명의 작은 아이들이 사감과 함께 있다. 무더운 여름철에 이들이 고아원에서 어떻게 지내는가 보자. 여러분이 이들의 집을 보면 아마 충격을 받을 것이다. 비가 크게 온 후 집 벽 한쪽이 허물어졌고, 지붕도 곧 무너질 것 같은 모습이다. 우리는 이 집을 곧 허물고 몇 달 후에 새집을 세울 것이다. 응접실 복도에서 매물이가 바느질하는 것이 보인다. 아이들은 방을 청소하거나 그릇을 닦거나, 사감의 요리를 돕고 있다. 아니면 우물에서 물을 길어 머리에 이고 오고 있을 것이다. 그도 아니면 호주 아이들이 그러는 것처럼 마당에서 장난치며 놀고 있을 것이다.

최근 볼거리가 유행하여 가장 나이가 어린 봉연이가 앓기 시작하여 얼굴이 부어올랐다. 한 아이가 더 아팠고, 다른 아이들은 모두 무사하다. 때로 아이들은 시냇가에 나가 빨래를 하기도 한다. 그 후에는 다림질하고 강한 손목으로 다듬이질도 한다.

우리 외국인들도 적잖게 오고 갔다. 진주의 동료들이 다녀갔고, 우리도 그곳에서 휴가를 보냈다. 평양의 교육위원회와 서울의 성경대회에 참석하고 돌아오며 클라크가 며칠 우리와 함께 있었다. 그 후 그

미우라고아원 Myoora Institute Family (Photo: 'The Chronicle, 1916)

녀는 무어와 함께 일주일 동안 일본을 다녀왔다. 이제 그들은 알렉산더와 함께 진주로 돌아갔다. 우리도 두 주 후에 공의회 모임으로 그곳으로 갈 것이다.

부산진, 8월 22일.

['더 크로니클', 1911년 11월 1일, 2]

15. 진주의 선교사들

　　1911년 11월은 호주선교회의 손님들이 오고 간 달이다. 10월 말 고향에서 손님들이 도착하였다. 11월 초에 맥라렌 박사 부부, 클라크 그리고 나는 진주로 가기 위하여 마산포로 갔다. 나귀와 지게 등을 타고 한국인과 일본인 여관에 머물며 우리는 3일 진주에 도착하였다. 얼마 후에 왓슨 부부가 한국 땅에 도착하였다는 소식을 들었다. 그러나 왓슨 부인이 장티푸스에 걸렸으니 클라크는 다시 부산진으로 오라는 전갈이 있었다….

　　우리는 이곳 여학교에 또 한 명의 한국인 교사를 찾지 못하고 있다. 동시에 순복이와 봉술이와 나는 한문 교사와 함께 최선을 다하고 있다. 스콜스는 휴가차 떠나 있다. 두 명의 여교사는 상급반을 가르칠 수 없기에 내가 수학과 지리를 돕고 있지만, 나의 부족한 한국어로 어려움을 겪고 있다.

　　왓슨 부인이 회복되고 있다는 반가운 소식과 함께 맥라렌이 부산진을 떠나 내일 저녁 이곳에 도착한다는 전갈이 있었다. 클라크도 곧 돌아올 수 있기를 희망한다. 라이얼 부부가 오늘 남해 방문에서 돌아왔고, 커를 박사와 매크레이는 곧 진주 북쪽 지방 순회를 떠날 것이다. 다가오는 성탄절까지는 모두 선교부에 함께 할 것이다.

진주, 12월 4일.
['더 크로니클', 1912년 2월 1일, 2]

16. 병원의 화재

1912년 2월과 관계하여 우리의 뇌리에 오래 남을 사건이 있었다. 진주의 병원 화재이다. 오랫동안 기다려 마침내 완공된 건물을 보며 우리는 만족해했었다. 벽돌 벽, 타일 지붕…. 이 지역의 아픈 자와 질병으로 고생하는 자들을 생각하였다. 의사를 포함하여 많은 사람이 이것을 계획하며 고생하였다. 실제로 불이 나기 전날 그들은 건물 안의 방을 하나하나 둘러보았었다.

2월 21일 수요일 밤은 어둡고 습한 밤이었다. 비가 왔기 때문에 주중 기도회는 취소되었고, 교회당 안에는 2월 성경반에 참석하기 위하여 시골에서 올라온 남성들이 몇 명 있었다. 그리고 갑자기 '불이야' 하고 그들이 외치는 소리를 들었다. 5분도 안 되어 남선교사들이 현장으로 달려왔다. 그러나 그때는 벌써 건물 전체에 불꽃이 보이었고, 맹렬하게 타오르는 모습을 속수무책으로 지켜볼 수밖에 없었다.

병원 근처의 새 우물에서 물을 길어서 뿌렸고, 비도 도움이 되어 불길이 더 옮기는 것을 막을 수 있었다. 그 결과 동편의 건물과 마당에 쌓아 놓은 바닥재는 구할 수 있었다. 만약 이 날밤 비도 안 오고 바람이 불었다면 학교 건물도 불에 탔을 것이다. 그리고 초가지붕의 이웃집들도 화마를 피할 수 없었을 것이다.

병원은 다시 한번 지붕 없는 건물이 되었고, 문과 창문의 나무틀도 모두 소실되었다. 모두 500파운드 정도의 손실이 발생하였다. 개원이 또다시 연기된다는 사실도 물론 큰 실망이다.

진주, 2월 20일.
('더 크로니클', 1912년 5월 1일, 4-5)

17. 보건학 강의

지난주 교회당과 학교에서 남녀성경반이 있었다. 우리 학교 학생들은 설을 맞아 방학 중이다. 이때가 이곳 사람들에게는 덜 바쁜 시기이다. 그런데도 시골에 사는 여성들은 집을 비우기 어려워하여 20명 정도만 참석하였다. 남성반에는 60~70명의 학생이 왔다. 여성반은 일주일이 지나 오늘 마치고, 남성반은 이번 주말까지 계속된다.

작년에 왔던 여학생부터 커를 부인이 시험을 보았다. 시험을 통과한 여성들은 2반에 배정되었는데 모두 14명이다. 처음 온 학생들도 반을 꾸렸고 들쑥날쑥했지만, 진주에서 온 사람까지 모두 25명이었다. 매일 아침 초급반에는 커를 부인의 구약 이야기, 라이얼 부인의 마가복음이 있었고, 중급반에는 커를 부인의 요한복음, 라이얼 부인의 모세이야기가 있었다. 오후에는 클라크가 전체 학생에게 보건을 가르쳤고, 나는 성서 지리를 가르쳤다.

학생들은 배우기에 열정적이었다. 어떤 학생은 강의 내용을 열심히 적었고, 어떤 학생은 주의 깊게 듣기만 하였다. 몇 명은 강의가 너무 어렵다며 집으로 돌아갔다. 대부분 끝까지 인내하며 출석하였고, 50마일을 걸어온 학생들도 가치 있는 시간이라 여겼다.

우리의 보건 습관이 이들에게는 매우 낯선 것이다. 간호사 클라크의 강의는 이들의 눈을 크게 뜨게 하는 내용이었다. 예를 들어 가장 기본적인 신선한 공기와 끓인 물이다. 한 여성은 집에서 물을 끓여 먹으며 질병이 줄었다고 고백하였고, 다른 여성은 끓인 물은 맛이 없기에 그냥 마신다고 하였다.

매일 오후 시약소의 활동도 바쁘다. 한 명의 의사가 항상 있으며, 클라크도 종종 돕는다. 그곳은 환자들로 매일 붐비며 최근에는 수술도 몇 건 진행되었다. 화상을 입은 아이를 보기 위해 나도 서너 번 갔다. 그 아이는 우리 학교 학생인데 부모는 기독교인이 아니다. 모친은 어리석게도 화상 부위를 씻고 붕대로 감싸는 것을 거부하고, 그 아이를 한국식으로 치료하기로 하였다. 우리 병원에 화재만 안 났어도 더 좋은 치료를 받을 수 있을 텐데 말이다.

진주, 2월 20일.
['더 크로니클', 1912년 5월 1일, 4-5]

18. 커를의 집 정원 끝에

5월 초 멘지스 양을 진주에서 환영할 수 있어 반가웠다. 그녀는 속히 일을 시작하기 원하여 이곳에 오래 머물지는 않았다. 그런데도 그녀를 만나 그녀의 건강해 보이는 모습을 보아 기뻤다.

이곳에 작은 나환자 소녀가 있다. 그녀는 일찍이 부모를 여의었고, 다른 사람의 집에 가 일하였다. 그녀가 문둥병에 걸리자 집주인은 그녀를 거리로 몰아냈다. 그녀는 외국인이 도울 수 있다는 말을 듣고 우리의 시약소로 왔다. 두 명의 의사는 그녀의 병이 초기 단계인 것을 보고 새 약으로 효과적으로 치료될 것으로 희망하였다.

우리는 상자로 작은 거처를 만들어 커플의 집 정원 끝에 두고 그녀를 거처하게 하였다. 그녀를 위한 음식은 교회당 뒤에 사는 여성에게 부탁하였다. 그 소녀는 그런 상황에 편안하게 보였다. 다만 교실 밖에서 아이들이 배우는 소리에 귀를 기울이는 그녀의 모습이 불쌍하게 보였다. 매일 밤과 아침 그녀는 하나님이 자신의 죄를 용서하고 깨끗하게 해 달라고 기도하였다.

처음에는 병이 나아지는 것 같이 보였다. 그러나 곧 그녀는 매우 위중해 졌고, 우리가 알아채기도 전에 세상을 떠났다. 비가 온 토요일 아침 우리는 그녀의 작은 상자 집 앞에 모여 영어로 장례예배를 드렸다. 며칠이었지만 그녀를 우리에게 보내준 하나님께 감사하였고, 그녀의 기도가 이제 응답하였음을 감사하였다.

몇 주 전에는 한 결혼한 젊은 여성이 사군에서 40마일을 걸어 우리에게 왔다. 그녀의 등에는 12살 된 그녀의 막냇동생이 업혀있었다. 그 아이의 다리 하나가 심하게 상하였고, 의사들은 고칠 희망이 적다고 하였다. 며칠을 이것저것 시험해 보다가 결국 상한 다리를 절단하는 것이 그녀의 생명을 구하는 방법으로 의견을 모았다. 수술이 집도되었고, 그녀는 한 가정에 머물며 치료받았다. 그러나 얼마 안 되어 그녀가 사망하였다는 소식이 전해왔다. 그녀의 언니는 슬퍼하였지만 담대하였다. 그것이 동생을 위한 최선이라 확신하였고, 의사와 간호사들에게 감사하였다.

['더 크로니클', 1912년 8월 1일, 3]

A little waif

About the same time we had our little leper girl. Sha was a

child who had lost her own father and mother, and had been compelled to work for a living in the houses of others. But because of her disease they had turned her out on the streets, and having heard that the foreigners might be able to help, she found her way to our dispensary

As the leprosy was only in its first stages, the two doctors were hopeful that a new medicine, which was said to have cured others, might be effectual in her case too.

So a tiny house was made for her out of packing cases, and she took up her bode at the bottom of Dr. Currell's garden. We arranged that her food should be provided by a woman who lives behind the church, and she seemed to be happy and comfortable, though it was pitiful to see her stand outside the school listening to the children at their lessions.

Every night and morning she prayed that God would forgive her sins and cure her sickness. at first she seemed really better, but after less than a week she became very ill, and almost before we could realize it, had passed away from us.

One wet Saturday morning we gathered round her little house for a short burial service in English, and we could not but thank God that He had not only sent her to us for a few brief days, but had now in his love answered both parts of her prayer.

('The Chronicle', August 1, 1912, 3)

지난달 초, 새 일꾼이 합류하였다. 켈리 부부가 진주선교부 선교사의 수를 증가시켰다. 또한, 애니 캠벨 양을 우리 중에 환영하였고, 네피어 양도 잠시 방문하였다. 거창의 선교관에 새 목사와 부인이 입주하기까지는 시간이 좀 더 걸릴 것이다. 그러므로 켈리 부부는 현재 맥라렌 박사 집에 머물고 있다. 그러나 켈리는 오자마자 매크레이와 함께 북쪽의 거창으로 순회를 떠났다.

클라크와 나는 삼천과 사천 지역의 교회를 짧게나마 방문하였다. 삼천은 진주에서 70리 떨어진 곳인데 바닷가에 있다. 이곳에서 파는 대부분 일본 물건들은 그곳에 배로 도착하여 수레로 운반된 것이다. 두 지역 간의 교역이 활발하고, 길은 짐 마차와 지게꾼과 사람들로 붐빈다.

일본인 구역에서 조금 떨어진 한국인 마을에 한때 성장하던 교회가 있었다. 몇 년 전에 무슨 일로 교인들이 많이 떠나고 지금은 어른 회원이 거의 없다. 그러나 곱추인 한 남성이 지금까지 사람이 있든 없든 매주 교회에서 신실하게 예배를 드리고 있다. 그는 30명가량의 아이를 모아 주일 아침과 오후에 가르칠 뿐 아니라 주중 저녁에도 가르친다. 우리와 동행한 박 조사는 그 교회를 '작은 양의 교회'로 불렀다. 이 아이들에게 이 교회의 미래가 있고, 희망이 없다고 말할 수 없다.

윤의 모친인 전도부인도 우리와 함께하였다. 그녀의 전도 방법은 여전히 열정적이고 재미있다. 어느 날 오후 우리는 진주와 삼천 길 위에서 얼마 안 떨어진 작은 교회에 있었는데, 외국 부인과 오르간을 보려고 구경꾼들이 끊임없이 모여들었다. 이때 윤의 모친이 이들을 어떻게 대하는지 보는 것은 매우 흥미롭다. 전도할 때마다 거의 매번 책 한 권씩을 판다.

사천에는 아직 예배당이 없지만, 열심인 여성과 소녀들이 있다. 대부분 초신자이다. 이들은 오르간을 보며 크게 기뻐하였다. 풍금에 맞추어도 음정이 정확지 않지만, 이들은 괘념치 않으며 즐겁게 불렀다. '어디든지 예수 나를 이끌면 어디든지 예수 함께 가려네'를 가르쳤다. 이들의 기억 속에 노랫말이 오래 남기를 바란다. 안 믿는 집에서 온 16살과 17살의 소녀들이 제일 열심이었다. 비기독교인 집안과 결혼할 확률이 높은 이들이 박해를 받아 시험에 들지 않을까 우리는 염려한다. 이 아이들을 위하여 기도해 주기를 요청한다.

지난달 커를 박사와 박 조사는 세례문답 시험을 하였다. 대부분 후보자가 합격하였다. 8명이 세례를 받았고, 7명이 문답반에 허입되었다. 수세자 중 한 명이 우리 학교 4반 학생이다. 그녀의 이름은 막지기로 매우 가난한 집에서 왔다. 그녀의 양부는 그녀가 학교 다니는 것을 반대하고 있다. 그러나 그녀와 모친은 '한마음으로' 그녀가 중등학교를 마칠 때까지 학교에 다닐 것이라 하였다. 모친은 집안일뿐만 아니라 밭일까지 다 맡아 하고 있다. 막지기와 모친은 신발이 한 켤레밖에 없을 때 막지기가 신발을 신고 학교에 오고, 모친은 맨발로 밭에서 일하였다고 한다.

이달 말은 언어 시험 준비로 시간을 많이 할애하였다. 캠벨은 일학년 그리고 나는 이학년 시험을 이제 마쳤다. 그래서 지금 좀 자유롭게 느껴지고, 새 일이 시작되어 기쁘다.

진주, 12월 3일.

['더 크로니클', 1913년 2월 1일, 3]

20. 여성성경반

한국인의 새해와 보름은 큰 명절이라 대부분 가족과 친척들과 집에서 잔치를 벌인다. 기독교 여성들이 집안일을 마치면 공부할 시간을 갖는데 그 기간 일주일이나 열흘 동안의 성경반에 참석한다. 이것은 남성 교인들도 마찬가지이다. 올해는 너무 추워 시골의 여성들이 많이 참석하지 못하였다. 그러므로 작년보다 반의 규모는 아주 작았다. 그러나 참석자들은 여전히 열심히 배웠다. 언어에 어려움은 있었지만 가르치는 우리에게도 큰 기쁨이었다.

먼저 참석자들의 수준을 구별하기 위하여 시험을 보게 하였고, 그에 따라 반을 세 개로 구분하였다. 2년 이상 공부한 학생, 작년에 공부한 학생 그리고 처음 온 학생으로 나누었다. 3학년 학생들은 클라크의 사도행전과 나의 구약 역사, 2학년 학생들은 커를 부인의 요한복음과 라이얼 부인의 모세의 일생, 그리고 1학년 학생들은 커를 부인의 구약 이야기와 캠벨의 마가복음을 배웠다. 클라크의 보건학과 나의 성경 지리에는 전체 학생이 참석하였다.

여학생들은 성경의 한 부분은 잘 알았지만, 다른 부분은 거의 몰랐다. 이들이 배우며 깨우치는 모습을 보는 것은 참 인상적이다. 우리 학교 학생들이 더 많이 참석하지 못하여 실망스러운 마음이었다. 4반과 5반에서 두 명만 참석하였는바, 막지기와 은혜이다. 은혜는 전 매서인의 아내이다. 학기 중에는 집안일을 거의 못 하므로 방학에는 그들이 집안일을 돕기 원한다. 우리도 그들이 가정생활에서 멀어지지 않기를 원한다.

지난달 영국성서공회의 홉스 씨가 우리를 방문하였다. 추운 날씨에도 불구하고 그는 매서인과 매일 나가 성경을 팔았고, 시골 지역도 다녔다. 그의 방문은 매서인들에게 큰 격려였다. 성경 판매에도 성공적이었는바 이 지역에서 거의 2천 부를 팔았다고 한다.

진주, 2월 8일.

['더 크로니클', 1913년 5월 1일, 3-4)

---

21. 하동 방문

이달 캠벨과 나는 스콜스와 순회 전도하는 즐거운 경험을 하였다. 4월이 지나기 전 스콜스와 나는 하동을 갔다가 5월 7일 돌아왔다. 17일에는 캠벨이 스콜스와 삼가 지역을 다시 방문하였다. 그녀는 클라크와 함께 지난가을 그곳을 방문하였었다.

시골 순회의 모습을 편지에 다 담기는 어렵다. 한두 장의 사진이 오히려 그 모습을 더 잘 말해줄 수 있다. 우리가 도착한 첫날 밤 8시경 여성들이 모여들었다. 예닐곱 명이 모였을 때 우리는 교회의 의자나 상자 위에 앉아 여성들에게 찬송가를 가르쳤다. 그들에게 먼저 불러보라고 하고, 잘 안되는 부분을 고쳐주었다.

기도 후에 스콜스는 공책과 연필을 꺼내어 여성들의 이름을 적었다. 먼저 세례받은 자부터 적었다. 할머니들은 보통 큰아들이나 다른 아들 이름을 댔고, 아들이 없을 시에는 딸이나 손녀 이름을 말하였다. "아니요. 할머니. 할머니 세례받을 때 받은 이름이요." 스콜스가 주장하지만, 그들에게는 대답하기 어려운 질문이다. 보통 자신의 이름은 안 쓰기에 잊어버린 것이다.

누군가가 예배당 벽에 걸려있는 회원 명단을 가리켰다. 명단이 적힌 종이를 내려 마침내 할머니의 이름을 찾았다. 종이에는 수세자의 명단과 세례문답 반의 명단, 교인들 명단 그리고 몇 주만 참석한 사람들의 이름까지도 기록되어 있었다.

스콜스의 노트를 어깨너머로 보면 할머니의 이름만이 아니라 신체 특징까지 적혀있다. 다음에 만나면 알아볼 수 있도록 한 것이다. '키가 크고, 회색이고, 앞니가 두 개이고' 등등이다. 믿기 전에 죽은 아들의 슬픈 이야기도 포함되었다. 그 할머니를 아는 사람이 스콜스의 노트를 보면 매우 재미있어할 것이다.

주기도문과 십계명을 가르친 다음 날 저녁, 여성들에게 그리스도의 비유와 그의 죽음과 부활에 관한 그림 환등기를 보여주며 설명하였다. 하동에서 가장 인기 있는 그림은 돌아온 탕자였다.

이번 순회의 좋았던 기억 중의 하나는 20리 거리에 있는 다른 교회를 방문할 때 하동읍내 여성들이 우리와 동행한 것이다. 날씨도 좋았고, 길가에 깨끗한 시냇물도 있었고, 폭포도 있었고, 진달래를 비롯한 온갖 이름 모를 꽃이 피어 있었다. 우리는 함께 노래하며 이야기를 나누며 꽃과 버섯을 따기도 하였다. 마침내 우리는 언덕 위에 있는 예배당에 다다랐다. 그러나 한가지 문제는 파리였다. 파리가 얼마나 많은지 우리는 가지고 간 큰 모기장 안에서 먹고 잤다.

하동읍내에 정부 학교에서 공부한 두 명의 여학생이 있었다. 이들은 계속 공부하기를 원하였다. 그중 한 명의 부친이 우리와 상의하더니 자신의 딸을 진주로 보내기 원하였고, 곧 그녀를 보낼 준비를 하였다.

어제저녁에는 여성과 소녀들이 무언가 좋은 소식을 감추는 모습이었다. 우리는 곧 알아차렸는바 한 가난한 과부의 딸 어린 복갑이가 삼촌의 허락으로 학교에 갈 수 있게 되었다는 것이었다. 그래서 그 아이의 옷가지와 책을 싸 우리의 짐에 함께 묶었다. 복갑이는 날이 밝자마자 안평이의 모친과 안평이 그리고 전도부인과 함께 길을 떠났다. 우리 학교의 학생들은 이 두 명의 학생을 환영하였다. 상급반 학생들이 이들을 원하였지만, 시험 결과 일본어를 제외하곤 모두 어려움이 있어 저학년에 배정되었다.

지난 금요일, 우리 학교 소풍이 있었다. 강가의 한 그늘에 모여 우리는 즐거운 시간을 보냈다. 또한, 바닥이 평평한 배를 타고 강을 따라 천천히 내려가며 노래하며 게임도 하였다. 도착한 점심을 우리는 배 안에서 먹었다. 날씨가 더워지자 우리는 배에서 내려 나무 그늘에서 조용히 놀았다. 다시 돌아가는 길에 학생들에게 일본 과자를 나누어 주었다. 우리의 소풍은 마침내 끝이 났고 즐거우면서도 학생들은 피곤해 하였다.

커를 박사 가족이 서울로 떠나 있지만, 병원 환자 수는 이달 기록을 세웠다. 맥라렌 박사와 클라크 양이 큰 건물 안의 약국에서 외래동으로 오가며 바쁘게 일하였다.

진주, 5월 31일.
['더 크로니클', 1913년 8월 1일, 3-4]

22. 새집에 들다

이 편지는 새집에서 쓰는 첫 편지이다. 여러분에게 먼저 감사한 말을 전하고 싶다. 두 주전 토요일에 이사하였다. 우리는 벌써 이 집을 좋아하고 있고, 편리한 집을 제공한 호주의 여러분에게 감사하다. 스콜스가 돌아오면 그녀도 보고 좋아할 것이다. 그녀가 제푸로 떠나기 전 집은 이미 완성되었지만, 입주는 못 하고 있었다. 클라크와 캠벨 그리고 내가 이사를 마치었다. 레잉도 곧 부임하여 우리와 함께 이곳에서 행복한 생활을 하기를 기대한다.

부엌 옆방은 공부도 하고 방문자도 맞고 쓰임새가 가장 좋은 공간이다. 다른 한 방의 바닥에는 현재 우리 뜰에서 캔 감자를 늘어놓았다. 한국인들이 그 '감자 방문객'의 모습을 보고 웃었다. 앞으로 우리의 친구가 많이 방문하여 진짜 방문객이 그 방을 쓰면 좋겠다.

두 주전에 기다리던 비가 왔다. 농부들은 흉작을 염려하고 있지만 모두 잃지는 않을 것이다. 일주일 동안 저녁마다 비를 위한 기도 모임이 있었던 터라 교인들은 은혜를 받았고, 불신자들도 놀라워하였다. 이번 경험으로 사람들은 기도를 더 하게 되었다고 한다. 우리는 비가 더 필요하고 곧 내리기를 바란다. 무더운 날씨도 한풀 꺾였고, 아침저녁으로 선선해지고 있다. 벌써 가을이 느껴진다.

우리 학교 학생들이 자신들이 만든 수공예품 판매 일부 수익금으로 미국산 재봉틀을 사 학교에 기부한 반가운 소식이 있다. 현재 우리는 그 재봉틀을 잘 사용하고 있다. 여러분이 보낸 병원 물품도 방학이 끝나기 전 도착하였다. 지난주 교사와 상급반 학생들이 시도해 보았고, 익숙해지는 대로 자신의 가정에서 잘 사용할 것이다.

지난봄 시골에서 온 세 명의 여학생에 대하여 여러분은 들었다. 그중 한 명인 남경주는 16살로 의령에서 왔다. 우리는 처음부터 그 아이에게 끌렸는데, 수업에 잘 출석하지 못하여 상급반으로 가지 못하게 되었다. 그녀는 저학년의 4반에 배정되었고, 안정적으로 공부하기를 바랐다. 여름방학 동안 그녀는 집에 가지 않고 강추사의 집에 거하며 집안일을 거들었다. 그 대신 강추사의 딸 춘수가 그녀의 공부를 도와주었다. 춘수도 우리 학교 학생이다.

그런데 안타까운 소식이 전하여졌다. 두어 주 전에 발의 통증으로 경주가 병원에 갔는데 맥라렌 박사가 나병으로 진단한 것이다. 우리는 즉시 모친을 불렀다. 그리고 그 사실을 그녀와 모친에게 알렸다. 그들은 잘 받아들이는 것 같았지만, 경주는 그 병으로 인하여 학교에 올 수 없다는 사실에 더 놀랐다. 진지한 논의 끝에 그녀는 모친과 함께 고향으로 돌아가는 수밖에 없었다. 새 약이 효과는 있지만 결국 몸의 다른 부분까지 확대될 것이었다. 만약 그렇게 된다면 부산의 나병원으로 가야 할 것이라고 맥라렌이 말하였다. 그러나 모친에게 그런 말은 들리지 않는 것 같았고, 집으로 돌려보내는 것도 힘든 일이었다.

기숙사도 거의 완공되고 있다. 기와지붕과 빨간 벽은 편안하고 멋지게 보인다. 바닥은 아직 종이 칠이 되지 않은 상태이다. 부엌에 필요한 기구들도 곧 사야 한다. 이달 23일 시작되는 공의회를 마치고 오자마자 기숙사가 개원될 것을 희망하고 있다.

진주, 9월 2일.
['더 크로니클', 1913년 11월 1일, 5]

23. 부산으로 발령나다

우리 선교회로 선교지가 이전됨에 따라 여자중등학교를 부산진에 세우기로 하다. 여성 교육선교사를 진주에서 부산진으로 이직시키기로 한 1911년 1월 10일 임원회의 임시 결정을 실행하기로 엥겔이 동의하고 라이얼이 제청하다. 이직은 다음 4월 1일까지 하기로 하기로 하고 안건이 통과되다.

데이비스 양을 진주에서 부산진의 여자 중등학교 책임자로 발령하기로 엥겔이 동의하고 라이얼이 제청하다. 통과되다.

[호주선교사 공의회 회의록, 1913년 9월, 58]

Mr. Engel moved and Mr. Lyall seconded that, in view of the transfer of territory to our mission, the tentative decision of the Council on January 10th 1911, 4th sederunt, Section II, "Girl's Middle School" clause 3 – that the Girl's Middle School should be located at Busanjin and an educational woman be transferred fron Chinju to Fusanjin, be given effect to, the transfer to be made by the 1st of April next. The motion was approved nem. co.

Mr. Engel moved and Mr. Lyall seconded that Miss Davies be transferred from Chinju to be in charge of the Girl's Middle School in Fusanjin. The motion was approved nem. co.

['The Records', Sept 1913, 58]

24. 부산진일신 첫 졸업생

부산진일신여학교 첫 졸업생 The first graduates from the Busanjin Ilsin Primary School(Photo: 'The Chronicle', 1913)

부산진일신여학교 첫 졸업생 명단은 다음과 같다; 문순검, 양귀암, 방달순, 박덕술.

The 'graduate' are – Moon Soon-gi-mie, Yang Qui-yai-mie, Pang Dal-soon-ie, Pak Tuk soo-ie.

('The Chronicle', July 1, 1913, 12)

25. 진주보다는 부산진에

오늘 교실 바닥에 바를 종이와 요리를 위한 큰 솥을 장에서 샀다. 월요일에 종이 바르는 작업을 할 것이다. 이것은 예상치 않은 지출인데 캠벨 양과 나는 이미 계약에 포함된 줄 알고 있었다. 그래서 즉시 필요한 방만 먼저 하기로 하였다. 다른 곳은 곧 승인이 나는 대로 하겠다. 경주에게 우리 학교에 관한 이야기를 들은 의령의 13살 된 나환자 소녀가 올 것 같다. 다른 학생들도 같은 방법으로 우리 학교에 들어온다.

지난주일 경주는 기어서 주일학교 반에 왔다. 매우 불쌍하다. 가장 나중에 들어와 가장 먼저 나간다. 그녀의 발은 점점 더 악화하고 있다는데, 얼굴은 건강해 보인다. 곧 그녀의 모친이 와 그녀를 데리고 갈 것 같다. 가기 전에 의사가 그녀를 먼저 볼 것이다.

중등학교를 진주보다 부산진에 설립하는 안건은 내가 캠벨보다 일 년 먼저 현장에 왔고, 또 나는 이미 부산진 학교와 관계가 있으므로 내가 가기로 결정되었다. 그러나 이번 학기를 이곳에서 마치기 위하여 4월 초까지는 이사하지 못할 것이다. 이것은 물론 고향의 해외선교위원회와 여선교연합회가 추가 대지 매매를 승인해야 가능하다.

10월 11일.
['더 크로니클', 1914년 1월 1일, 3-4]

26. 배돈기념병원 개소식

배돈기념병원 Paton Memorial Hospital (Photo: 'Chronicle', 1914)

배돈기념병원의 공식 개원식 소식은 이제 지나간 이야기처럼 생각된다. 그리고 여러분 대부분은 이미 개원식 소식에 대하여 들었을 것이다. 나는 길게 쓰지 않겠다. 11월 4일 화요일 아침은 매우 분주한 날이었다. 병원 밖, 여성 외래환자 병동 앞에 빨간색과 하얀색의 천으로 둘러놓은 곳에 손님들이 앉을 의자가 준비되었다.

병원 안에 있던 3명의 입원환자는 의사의 방으로 옮겨야 하였고, 그 병동에 도지사와 일행을 맞을 준비를 하였다. 여러 가지 케이크와 차 세트 등이 준비된 두 개의 '티 룸'에 준비되었다.

마산포와 부산진에서 기다리고 있는 손님들이 안전하게 월요일 도착하였다. 그러나 당일에 차로 오는 사람들은 중간에 차가 고장이

나서 행사가 마친 다음에서나 진주에 도착하였다. 맥라렌 박사, 서울의 디 캄프 씨, 왓슨과 라이트 목사가 그날 어두운 저녁에야 모습을 드러내었다. 또 다른 실망은 통영의 병으로 인하여 무어, 왓슨 부인, 테일러 박사도 우리와 함께하지 못하였다.

개원식이 있던 화요일은 주로 남성들의 날이었다. 순서를 맡은 사람들과 높은 관원들은 현관에 앉았고, 그곳은 여성 외래환자 병동 입구에 있다. 우리 여성들은 행사가 진행되는 것을 가까운 병동의 창문을 통하여 보았다. 그리고 행사의 첫 부분이 마치자 우리는 빨리 칸막이 뒤로 돌아갔다. 남성들은 한 번에 80명씩 병동으로 들어왔으며, 세심한 준비와 함께 구경꾼들도 질서 있게 구경하여 모든 것이 걸림 없이 진행되었다.

다음 날은 여성과 어린이의 모임이었는바, 기숙사 개원식이 주요 행사이었다. 건물의 끝에 있는 베란다는 훌륭한 장소였고, 양쪽의 베란다와 마당에 의자가 준비되어 손님들이 앉을 수 있었다.

디 캄프 씨와 박 조사의 연설이 있었고, 한두 곡의 찬송을 부른 후, 여성들은 기숙사를 둘러보았다. 그리고 그곳에서 병원으로 입장하였다. 병원 안에는 이미 어린이들이 행사를 마치고 있었다. 이번에는 우리도 칸막이에서 나와 차와 케이크를 함께 먹었다.

어린이들은 무척 즐거워하였고, 여성들도 좋은 시간을 보냈다. 모든 행사가 마치자 우리도 긴장을 풀었고, 우리의 일상 사역으로 돌아갈 수 있었다.

진주, 12월 1일.

('더 크로니클', 1914년 2월 2일, 5-7)

올해의 연례 여성반은 2월 초에 있다. 그 전 토요일에 예비 시험이 있었고, 월요일까지 채점이 되어 대부분 합격한 학생들의 반이 정해졌다. 작년이나 재작년에 왔던 시골의 몇 학생들이 이번에 못 왔기에 2반과 3반의 학생 수가 적었다. 그러나 진주의 여성들은 열정적으로 참여하였다. 총 40명 중의 25명이 1반에 속하였다. 이것은 한국의 다른 성경반에 비하면 적은 숫자이지만, 우리는 아직 초기 단계이다.

성경반의 가치를 알게 되면 장차 시골의 여성들도 더 많이 참석할 것이다. 광범위하게 흩어져있는 우리의 교회들을 방문하기가 쉽지 않아 이 사역을 발전시킬 기회가 없었다. 그러나 순회를 더 자주 하여 교회가 성장하게 되면 성경반 학생 수도 증가할 것으로 확신한다.

첫 주는 우리 모두에게 바쁜 시간이었다. 오전 9시 45분에 종이 울리면 체조와 경건회가 열린다. 그리고 1반과 2반은 함께 모여 캠벨의 보건학을 듣고, 나머지 학생은 나와 함께 지도 위에서 바울 전도여행을 쫓는다. 11시에 잠깐 쉬었다가 캠벨은 1반에서 마가복음을, 커를 부인은 2반에서 요한복음을, 스콜스는 나머지에 교수법을 가르친다.

교수법 강의는 혁신적인 것으로 여성들이 대중 앞에 서는 것을 두려워하기 때문이다. 그러나 전도부인 윤의 모친이 시작하자 다른 여성들도 용기를 내었다. 마지막 날 가장 수줍어하던 두 명의 여성이 떨면서 시범 강습을 하였는데 매우 잘 해내었다. 학생들도 소곤거리며 인정하는 분위기였다. 스콜스도 기뻐하였는바 그들의 교수법이 발전한 것뿐만 아니라, 긍정적이고 동정하는 학생들의 마음 때문이었다.

오후에는 클라크가 3반과 4반 학생들에게 사도행전을 가르쳤다. 그 외에 구약 과목 강의도 있었다. 1반은 구약이야기, 2반은 모세의 일생, 3반은 구약 역사, 그리고 4반은 사무엘 상하이다. 저녁에는 찬송가 연습과 기도회를 하였다. 화요일 저녁은 특별히 커를 박사가 그리스도 일생에 관한 환등기 사진을 보여주었다. 여성들은 그 시간을 매우 즐겼다. 금요일에는 선교관 식당에서 교제의 시간을 가졌다.

학생 중 한 명은 통영에서 온 상식이의 모친이다. 왓슨 부인이 그녀의 편지에 언급한 여성이다. 그녀는 자신의 손자를 병원에서 치료받게 하러 왔지만, 틈나는 대로 성경반에 참석하였다. 레잉이 그녀에게 읽기를 가르치기로 동의하여 그녀는 매일 4시 아이와 함께 선교관에 왔다. 그 아이는 할머니가 공부하는 동안 장난감을 가지고 놀았다. 그는 척추에 문제가 있었지만 잘 참았고, 우리도 그 아이를 좋아하게 되었다. 나중에 그들이 떠날 때 섭섭하였다.

구정 후 2월 10일 우리 학교는 개학하였다. 그리고 나는 곧 볼거리에 걸렸다. 캠벨이 자신의 성경 과목 외에 나의 과목도 2주 동안이나 맡았다. 나는 원치 않았지만, 그동안 집안에만 있었다. 이번에 새 학생들이 많이 들어왔다. 어떤 아이는 매우 어렸고, 다른 학생들도 학교생활을 모르는 아이들이었다. 재학생들의 발전을 보면 이들도 곧 책임 의식을 갖게 될 것이다.

지난주 불행하게도 레잉에게 사고가 있었다. 그녀는 스콜스와 클라크와 함께 통영을 방문하였다. 화요일 진주를 떠나 금요일 돌아올 생각이었다. 수요일은 비가 많이 와 밖에 못 나가다 그다음 날 날씨가 맑아져 아름다운 풍경을 감상하였다. 그때 레잉이 미끄러져 넘어지면서 팔이 부러진 것이다. 오른쪽 팔이고 어깨 근처 위치였다. 그녀는 통영에 남아서 테일러 부부의 치료를 받았다. 최근 소식에 의하면 그녀

성경학원교사와 학생들 Bible class teachers & students
(Photo: 'The Chronicle', 1913)

의 뼈가 잘 아물고 있으며 약 두 주 후에 통영으로 돌아올 수 있다고
한다.

진주, 2월 28일.

['더 크로니클', 1914년 5월 1일, 4-5]

28. 진주교회의 종

　　고향의 친구들과 마찬가지로 한국의 여선교연합회 회원인 우리도 해외위원회 서기의 병환을 슬퍼한다. 앤더슨 부인은 우리에게 서기 이상의 관계이며, 우리 각자는 그녀를 친구로 여기고 있고, 우리 활동에 관한 그녀의 깊은 관심은 큰 도움이다. 그녀가 완전히 회복되기를 우리는 기도하며 바쁘고 일상적인 생활을 오래 유지하기 희망한다.

　　한국어 학교와 각종 대회에 참석하는 달이 또다시 돌아왔다. 레잉과 다른 선교사는 서울에서 열리는 연례 언어학교를 위하여 떠났고, 커닝햄도 언어학교에 참석하며, 커를과 알렌은 대구에서 열리는 경상도 전도대회 차 떠났다.

　　이달 중순에 부산진의 성경반과 평양의 신학교가 방학하기에 두 명의 조사와 두 명의 전도부인 그리고 간호사 한 명이 같은 날 진주로 돌아온다. 대부분 마산에서 배를 타고 진주와 가까운 선진 항에서 내려 싸게 마차를 빌려 진주에 도착하였다. 간호사는 자신의 남동생 결혼으로 부산진으로 갔다가 병에 걸려 그곳에 남았다고 한다. 모두 집에 돌아와 좋아하였지만, 특히 봉애 모친은 자신의 두 딸을 다시 만나 행복해하였다.

　　진주교회에 출석하는 한 여성 노인이 교회에 종을 기부하고 싶어하였다. 그녀는 종을 위하여 36엔(3파운드 12실링)을 기부하였고 다른 여성도 10엔을 더 기부하였다. 그리고 평양에서 공부하는 박성애 조사에게 종을 사도록 부탁하였다. 그는 다행히 소리가 좋은 미국제 종을 구매하였다. 그가 오고 며칠 후에 종이 도착하였고, 교인들은 크게 기뻐하였다. 예배당 앞에 걸을 것이지만 지금은 마당에 있어 교인들이 구경하고 있다.

스콜스는 부산진에서 전도부인들보다 이틀 후에 왔다. 이들이 얼마나 공부를 열심히 하는지 그녀는 그들을 가르치는 것이 즐거웠다고 하였다. 전도부인들은 다 좋았지만, 마지막 시험은 힘들었다고 하였다. 시험관의 질문에 대답하는 것은 그들에게 항상 어려운 일이다.

6월은 보리 추수 시기이다. 그리고 벼를 심어야 하기에 여성들은 바쁘다…. 그러다 7~8월이 되면 학교나 병원이 다시 분주해진다. 세브란스병원 졸업생이 이달 이곳에 부임하였다. 이 한국인 의사의 도움으로 병원은 더 활기차고 외국인 의사의 일이 좀 줄어들 것이다.

이달 마지막 날 여학교는 방학하였다. 이번 방학식은 매우 흥미로웠다. 목적은 부모에게 자신의 딸이 학교에서 무엇을 배웠는지 알려주는 것이었다. 캠벨이 그것을 설명하였고, 회장인 맥라렌이 공부를 잘한 몇 학생을 소개하며 앞에서 배운 것을 암송하게 하였다. 빨간 코트와 검은 치마를 입은 가장 어리고 작은 두 학생이 나와 몸을 앞뒤로 흔들며 배운 것을 암송하였다. 큰아이들은 일본어, 지리, 물리, 가정학 등을 암송하였다. 어떤 학생은 흰 종이 위에 묵으로 말이나 꽃을 그리거나 글씨를 써 보이었다. 그리고 학생들의 노래가 있었다. 많은 모친과 자매 그리고 야간반 아이들이 참관하여 그 모습을 흥미롭게 지켜보았다. 학생들이 수고하며 힘들게 준비한 모든 것을 마쳤을 때 부모들은 크게 손뼉을 치며 기뻐하였다.

진주, 7월 3일.
['더 크로니클', 1914년 9월 1일, 5-6]

29. 동래의 교인들

지난 10월 말, 우리는 엥겔 부부와 그들의 두 자녀에게 작별을 고하였다. 그리고 지난달 그들의 집이 비어있는 모습을 보면서 정말 그들이 떠났다는 것이 실감 났다. 라이트가 그 이후 마산에서 임시로 이곳에 와 있다. 그는 많은 시간 시골 교회를 방문하고 있다. 그와 맥켄지 그리고 매크레이가 새로운 큰 거점인 밀양에서 성경반을 인도하고 있고, 니븐과 알렉산더는 김해에서 여성들을 위한 큰 성경반을 지도하고 있다….

11월 18일은 추수감사절이다. 이날 교회당은 절기에 맞추어 치장되고 특별예배도 있다. 그러나 끔찍한 전쟁의 소식과 사랑하는 우리의 고향에 가뭄이 들었다는 소식에 슬펐지만, 우리는 한국인들의 풍성한 추수에 함께 감사하였다. 이때 이들이 드리는 헌금은 '해외 선교 헌금'인바 제주도와 중국의 한국인 선교사를 지원한다. 부산진교회는 12엔을 헌금하였고, 주일학교와 주간 학교는 6엔, 총 18엔이었다. 36실링 정도이다. 교인 수가 적고 가난한 것에 비하면 매우 관대한 것이다.

우리 학교 여학생들도 아침 성경공부를 마치고 교회당으로 가 예배에 참석하였다. 예배 후에 작은 아이들은 집으로 갔고, 큰아이들은 점심을 빠르게 먹고 부산의 학교를 전시하는 전시관을 방문하였다. 학생들은 3마일을 줄 맞추어 걸었다. 앞의 학생들이 속도를 잘 맞추어 우리는 2시 조금 후에 그곳에 도착하였다. 많은 사람이 구경하고 있었다. 학생들을 한 무리로 유지하는 것이 거의 불가능하였지만, 우

Appreciation plaque presented by the Dongnae-up Church to Margaret S.
Davies (1856-1935).
(사진: 박혜진 박사 제공, Plaque property of Hea-Jin Park, MD PhD. Image
courtesy of and reproduced with permission from Hea-Jin Park)

리도 방을 돌아다니며 다른 학교의 전시도 보며 우리의 것도 찾았다. 돌아오는 길은 역에서 기차를 탔고, 모두 즐겁게 집으로 돌아갔다.

니븐은 시골 지역으로 많이 나가기에 그녀의 제안대로 내가 동래 읍내를 맡았다. 우리의 상급반 여학생 김금오가 매주 나와 함께 그곳에 간다. 우리는 장년주일학교에서 여성들과 어린이주일학교에서 학생들을 가르친다. 남학교의 박 선생 아내인 순애도 열정적으로 격려하며 이 일을 가치 있게 돕고 있다.

지난 주일에는 심 목사가 성찬식을 집례하였다. 아름답고 성스러운 예배였지만 슬프기도 하였는바 출석을 부를 때 대답하지 않은 사람이 많았기 때문이다. 마침 장이 서는 날이었고, 결석한 교인들은 장에 갔을 것이다. 그들을 정죄하기는 쉽겠지만 이곳 유혹의 힘이 얼마나 강한지 이해할 필요가 있다. 장은 오 일에 한 번씩 열리는데 그들은 이날 물건을 팔아야 생계가 가능하기 때문이다. 만약 이날을 놓치면 이들은 굶거나 돈을 빌려 음식을 사야 한다.

또한, 여러 가지 이유로 징계를 받은 교인의 이름도 공개되었다. 한 여성은 성찬을 금지당하였는데 친척의 장례식에서 이교도의 예식에 참여하였기 때문이다. 그녀는 다른 교인 뒤에 숨어 심하게 눈물을 흘렸다. 온갖 유혹에 둘러싸인 동래 교인들을 위하여 기도하지 않겠는가. 장사 때문에 혹은 너무 가난하여 주일 예배에 빠지지 않도록 말이다.

부산진, 12월 1일.
['더 크로니클', 1915년 2월 1일, 3-4]

30. 동래교회의 옥 장로

　지난달 동래와 부산진에 우리 한국인 친구들의 죽음이 있었다. 옥 장로는 동래교회 기둥 중의 한 명인데 겸손하고 허세가 없는 노인이다. 그는 신뢰할 수 있으며 관대하기도 하다. 매달 그는 한국인 목사의 봉급과 남학교를 위하여 헌금하는데, 다른 교인보다 훨씬 많이 한다. 그가 하는 여러 사업 중 가장 큰 것은 제조업과 한국 사탕 판매이다.

　2월의 어느 주일 그는 예배당 안 자신의 자리에 없었다. 독감에 걸렸다는 말이 있었다. 그다음 주일에도 그는 교회에 못 나왔고, 병이 나아지지 않았다. 그리고 그다음 토요일 그가 사망하였다는 슬픈 소식이 전해졌다. 장례식 때 우리는 그의 아내에게 물었다. "어떤 찬송을 부를까요?" 그녀가 답하였다. "남편이 돌아가시기 전 그는 항상 '예수 사랑하심은'을 원하였어요. 그 찬송을 불러요." 그다음 날 심 목사가 장례예배를 인도할 때 한 주일학교 교사의 자녀도 죽었다는 소식이 들렸다. 그러므로 장례예배는 두 집에서 열렸다.

　죽음의 그림자가 부산진의 우리 학교 교사 두 명의 집에도 드리웠다. 몇 주 전 박덕술은 울산의 집에 급히 갔다. 그러나 그곳에 도착하기 전에 병환 중에 있던 그녀의 부친이 사망하였다. 또 다른 사망 소식은 문순검의 모친이었다. 저녁 식사 후에 연로한 그녀가 사망하였다. 알렉산더와 내가 그녀의 집에 도착하였을 때 순검이는 몸을 앞뒤로 흔들며 통곡하고 있었다. 모친이 사망할 때 그 자리에 없었다는 사실에 더 크게 슬퍼하였다….

한국 설날 후 부산진에는 90명의 여성이 성경반에 등록하였다. 올해는 맥켄지 부인이 책임을 맡았고, 멘지스, 두 명의 전도부인 그리고 내가 가르쳤다. 한 교회를 제외하고 이 지역 모든 교회에서 여성들이 참석하였다. 부산항 입구에 있는 작은 섬의 교회이다. 남성들이 모두 고기잡이 나가 여성들을 뭍으로 데려다주지 못한 것이다. 부산의 두 교회와 미국인들이 최근 활동하는 영도에서 총명하고 지적인 여성들이 왔다. 다른 지역에서 봉사하는 여성들이 서로 교제할 좋은 기회였다.

읽기와 쓰기 반이 아마 제일 활기찬데 부산의 강 전도부인이 가르친다. 평생 글을 몰라 답답하던 나이 많은 노인도 '가갸거겨'를 외우며 열심을 내었다. 강 부인의 가르침을 받으며 기숙사 사감도 남보다 일찍 일어나 공부하며 다음과 같이 어려움을 토로하였다. "그런데 어린 신복이도 잠에서 깨 내 연필과 공책을 빼앗습니다!"

부산진, 4월 6일.
['더 크로니클', 1915년 7월 1일, 3]

31. 호주에서의 강연

오늘 나의 한국 선교사 경험을 경청하러 와 주셔서 감사합니다. 나는 '생일 감사 선교사'이며, 나의 한국선교를 지원하기 위하여 자신들의 생일에 헌금한 수천 명의 여선교연합회 회원들에게 감사합니다.

나는 1910년 11월 2일 나의 어머니 애니와 함께 부산에 도착하였습니다. 애니는 프랭크 페이튼과 함께 극동지역을 시찰하는 대표 중의 한 명이었습니다. 진주로 가는 프레드릭 매크레이 목사도 자신의 코넷을 가지고 우리와 동행하였습니다. 그는 찬송가를 잘 연주하였는데, 음조를 배우기에 좋았습니다. 그의 부친은 돌아가신 투락장로교회의 존 매크레이 목사입니다.

우리가 일본에서 페리를 타고 부산에 도착하였을 때, 나는 새로 지은 부산역의 모습에 감탄하였습니다. 멜버른의 우리 역보다 훨씬 좋았습니다. 항구에서 시내로 나가는 길에 우리는 복병산이라는 곳에 들렀습니다. 길옆 가파른 녹색 언덕 위에 나의 삼촌 헨리의 무덤 비석이 있었습니다. 우리가 시내로 향할 때 일본인 안내원이 초량역 위 언덕에 자리 잡은 우리 부산선교부과 교회를 가리켰습니다. 같은 언덕에 일본인 이주자들이 살았고, 합방으로 인하여 그들의 인구는 더 많이 증가할 것입니다.

부산진은 좁고 구불구불한 골목들이 있는 오래된 곳이었고, 길 위에는 땔감을 나르는 말, 소, 개 그리고 도랑이 있습니다. 상점에서는 짚신을 팔았고, 악취 나는 생선이 담긴 항아리와 작은 우체국을 보았습니다. 하얀 옷과 검은 모자를 쓴 남성들이 다가와 "여행이 평안하셨습니까?"하고 인사하였습니다.

그중에 한 사람에게서 눈을 떼지 못하였는데, 심 장로라는 사람이었습니다. 그는 가장 세련되고 아름다운 얼굴을 가졌습니다. 그는 나에게 마지막으로 인사를 하면서, 몸을 반쯤 다른 사람에게 돌려 이렇게 말하였습니다. "우리는 목사님을 만나 반갑지만, 부인(여성선교사, 나)은 우리와 함께 살러 왔으니 더 반갑습니다."

한국 여성들도 나에게 다가와 만났는바, 그들의 환영은 그저 압도

적이었습니다. 그들은 나의 손을 자신들의 두 손으로 잡고 부드럽게 만지며 나를 놓아주지 않을 것같이 하였습니다. 그들도 환영의 말을 소곤거렸고, 그들의 얼굴은 사랑으로 빛이 났습니다.

주일 아침 10시, 나는 한국교회의 첫 예배에서 엥겔의 오르간을 연주하였습니다. 엥겔이 강단 위에 섰고 심 장로가 함께하였습니다. 교인들은 모두 입구에서 신을 벗었고, 예배당 바닥에 앉았습니다. 남성들이 앞에 앉았고, 박 장로와 어른들이 앞줄에 앉았습니다. 여성들은 뒤에 앉았습니다.

엥겔의 신호를 받아 나는 첫 찬송가를 치기 시작하였습니다. 왕길 목사의 큰 목소리가 찬송을 인도하였고, 교인들은 함께 몸을 흔들며 찬송을 불렀는데, 음정이 엇나가다가 다시 돌아오기도 하였습니다. 정직하고 사랑스러운 얼굴들이었고, 가슴 벅차오르는 찬송이었습니다, 그리고 마지막 아멘을 길게 하였습니다. 왕길 목사가 기도를 인도하기 시작하자 교인들은 몸을 앞뒤로 하나 되어 움직였습니다. 이날 오후 우리는 기차를 타고 동래로 가 새 교회당을 방문하고 교인들을 만났습니다. 나의 어머니 애니를 포함한 페이튼 대표단은 시찰을 계속 이어갔습니다.

박 장로가 나의 한국어 선생이었는데, 한국어 말하기와 쓰기에 어느 정도 자신이 있기까지 2년이 걸렸습니다. 나의 분야는 교육인데 시골 지역에서 소녀들에게 성경을 가지고 읽기를 가르치는 것, 즉 가르치며 순회하는 사역이 얼마나 즐거운 일인지 모르겠습니다. 한국의 전통은 여성들에게 교육을 금하고 있습니다. 우리의 의료 선교사들은 환자들을 만나 치료해주고, 사회봉사자들은 소외된 사람들을 만나 기도해 줍니다. 하나님이 다른 사람들에게 모범을 보여 따르게 하셨습니다.

나보다 먼저 한국에 온 호주선교사 대부분은 여기에서 별로 멀지 않은 교회에서 왔습니다. 매케이 가족, 파셋, 그리고 멘지스 모두 발라렛 출신입니다. 미우라의 고아들은 모두 멘지스를 사랑하며, 그녀를 '어머니'로 부르고 있습니다. 그녀는 성경을 가르치고, 부산에서 여학생과 남학생을 위하여 각각 첫 학교를 세웠습니다.

데이레스포드의 베시 무어 디커니스는 1892년 8월 한국에 도착하였고, 복음 전도를 성공적으로 하고 있습니다. 그녀는 육체적으로 강인하고, 조력자와 더불어 나귀를 타고, 혹은 종종 걸어서 순회하는데 때로는 무릎까지 올라오는 시냇물을 건너가 사람들을 만나고 가르칩니다. 그녀의 전도로 기장의 북쪽, 마산의 서쪽 마을 그리고 통영에 신자의 무리가 생겼습니다. 이곳들의 여성반을 방문하고 가르치느라 그녀는 자신의 힘을 무리하게 사용하였고, 장티푸스 열로 침대에 누워있던 그녀의 모습을 기억합니다.

무어는 1914년 휴가를 마치고 통영으로 이전하여 그곳에서 일하고 있습니다. 고성과 거제 주변의 섬들을 방문하고 있습니다. 요즘 그녀의 대부분 여행 수단은 배입니다.

아그네스 브라운의 간호 기술은 종종 고아원에서 사용되었고, 무어의 사역은 더 북쪽으로 확장되기도 하였습니다. 브라운은 동래 지역에서도 전도를 시작하였고, 한국인 전도부인을 훈련하고 감독도 하였습니다. 또한, 미국선교사 지역인 대구에서 외지 여성들을 위한 성경반을 운영하였습니다. 그녀는 일본인 이주자들에게도 일본어 성경을 팔았습니다.

1900년 10월 빅토리아여선교연합회는 겔슨 엥겔 목사를 임명하여 여선교연합회 소속 선교사들을 인도하도록 하였습니다. 신학 박사인 엥겔은 '하버드학교' 교장이었습니다. 우리가 아는 대로 이 학교는 이곳에서 조금 떨어진 스타웰에 있습니다. 엥겔은 부산진교회뿐만 아니라 동래교회의 목사도 되었습니다. 68명의 영혼이 세례를 받기 위하여 줄을 선 것을 본 엥겔은 개척자 여선교사들이 어떤 일을 성취하였는지 알 수 있었습니다. 시골 지역에도 세례를 받기 원하는 사람들이 더 있었습니다.

빅토리아여선교연합회는 2명의 디커니스를 또 부산에 보냈습니다. 한 명은 메리 제인 켈리로 '네드 켈리 지역'의 글렌로완 근처 마을 투나에서 왔습니다. 다른 한 명은 앨리스 니븐인데 뉴질랜드 더니든이 고향이었습니다. 넬리 스콜스는 커를 부인의 친구로 루터글렌의 교사였고, 2월에 부산에 도착하였습니다.

1907년 엥겔과 아그네스 브라운이 휴가차 호주로 왔을 때, 그들은 발라렛의 에벤에저교회에서 결혼을 하였습니다. 엥겔은 1908년 니븐을 부산진의 일신여학교 교장으로 임명하였습니다. 그녀는 야간반과 주일학교의 여성 세례 문답자들을 가르치기도 하였습니다. 니븐은 같은 뉴질랜드 출신 알버트 라이트와 결혼하였고, 1912년 마산선교부로 이전하였습니다.

1907년 10월 스콜스와 켈리는 부산에서 진주로 이전하였습니다. 스콜스는 여학교의 교장으로 그리고 켈리와 커를 부인은 여성들을 가르치는 사역을 하였습니다. 1908년 커를 가족이 18개월 동안 휴가를 떠나므로, 스콜스와 켈리가 진주선교부를 맡게 되었습니다.

남호주의 데이비드 라이얼 목사는 1909년 4월 15일 진주에 도착하였습니다. 라이얼은 자신도 모르는 사이에 진주교회를 혼란에 빠트렸습니다. 주일 예배에 백정을 초청한 것입니다. 교회의 양반들은 모두 기겁을 하였고, 그들은 천한 계층인 백정들과 교회당에 같이 앉기를 거부하였습니다. 라이얼은 당시 한국어도 잘하지 못하였고, 신뢰도 아직 없었고, 그리고 대응책도 없었습니다. 켈리는 하동에서 여성과 소녀들에게 전도하고 있었습니다.

켈리와 스콜스는 그들의 기독교 신념을 주장할 강단이 있었습니다. 결국, 백정들은 자신들이 물러나고 양반들이 돌아올 것을 제안하였습니다. 교회는 이들의 이런 양보에 감동하였고, 그들에게 메시지를 전하였습니다. '교회로 돌아오시오. 함께 예배드립시다.' 켈리와 스콜스의 위기 해결 능력이 빛을 발하는 순간이었고, 동료 선교사들이 박수를 보낸 것은 물론, 호주에서도 감사의 기록을 남기었습니다.

1911년 2월 또 다른 프레스비테리안 레이디스 칼리지 동창생인 마가렛 알렉산더가 부산에 도착하였습니다. 그리고 곧 한국인들과 대화를 시도하였고, 나의 일도 배웠습니다. 1911년 말 스콜스가 휴가를 떠나자, 나는 진주로 이전하여 여학교 교장으로 3년을 일하였습니다. 그곳까지 가는 길은 기차가 마산까지만 운행하였기에, 나귀를 타고 가는 것이 나았습니다. 당시 일본군이 군대를 위한 길을 닦고 있어서 마산까지는 편한 길로 갈 수 있었는데, 서부산의 낙동강을 건널 때 다리가 생겼기 때문입니다.

첫날 풍경은 아주 아름다웠고, 늦은 오후에 우리는 해안에서 벗어나 신평에 다다랐습니다. 김 장로의 부친인 김 서방은 교회당 안에 우리의 이불을 넣어주었습니다. 다음 날 우리는 중세기의 길 같은 도로를 따라갔는데, 계곡의 계단식 논에서는 추수가 진행되고 있었고, 헐벗은 산들 사이에 마을들이 자리 잡고 있었습니다.

어디를 가던 흰옷을 입고 검은색 모자를 쓴 사람들이 보였습니다. 우리가 쉬기 위하여 한 마을에 멈추면, 한국인들은 그들의 방법으로 우리를 환영하였습니다. 우리에게 작은 상을 하나씩 제공하였고, 상 위에는 10개의 놋 주발이 놓였는데 국, 삶은 고기, 냄새가 코를 찌르는 생선 – 이것은 지금까지도 습관 되지 않습니다, 배추를 발효시킨 김치, 무, 파, 그리고 양념을 많이 한 오이인데 – 내가 좋아하는 음식은 아닙니다. 나는 밥과 달걀을 잘 먹었습니다.

삼 일째 되는 날, 우리는 배를 타고 남강을 건넜습니다. 진주는 6

만 명 정도의 인구가 있는 내가 기대한 것보다 더 큰 도시였습니다. 커를 박사가 선교 병원 건축을 감독하고 있었고, 오후에는 진료를 보았습니다. 1910년 3월 그가 휴가에서 돌아왔을 때, 간호사 프란시스 클라크가 동행했습니다. 그녀의 병원 운영 수준과 경험은 최고였습니다.

1912년 새해 켈리가 부산으로 떠날 때, 그녀는 우리의 모든 축복을 받으며 기뻐하였습니다. 그녀는 2월 10일 노블 맥켄지와 결혼하였습니다. 일 년 후에 그들은 부산 해안 근처에서 온 나환자들을 위한 집을 함께 운영하였습니다.

프레드릭 매크레이 목사는 그의 언어교사와 함께 2년간 장날 거리에서 전도하였습니다. 그는 40개 이상의 시장을 방문하였는데, 먼저 코넷을 연주하여 사람들의 주목을 끌었고, 그리고 전도를 하였습니다. 작년 1월 그는 일본에서 휴가를 지낼 때 그곳에서 성장한 마가렛 홀과 결혼을 하였는데, 그녀는 일본어가 유창합니다. 한국인과 일본인이 논쟁할 때 홀은 자신의 이중 언어로 매우 효과적인 해결 방법을 제시하고 있습니다. 그들은 작년에 라이얼의 긴 휴가를 메우기 위하여 마산으로 갔습니다. 매크레이는 그곳에서 마산지역 교회들을 감독하였고, 험하지만 멀지 않은 길에서는 자신의 할리 데이비스 오토바이를 타고 다녔습니다.

지금까지 내가 말한 선교사들의 사진을 오늘 가지고 왔습니다. 나의 연설 후에 보기 원하는 분들은 볼 수 있습니다.

아그네스 캠벨은 나보다 일주일 먼저 북경에서 진주로 왔습니다. 그녀는 장로교 레이디스 칼리지 교사였고, 학교 잡지 '패치 워크'를 위하여 정기적으로 편지를 보냈습니다. 나는 한국어 공부를 계속하였는데, 학생들과의 대화를 통하여 확연히 좋아졌습니다. 아그네스도 가르쳤고, 우리는 초등학교 상급반을 개설하였습니다. 12살의 소녀들을 위하여 기독교 친교동아리도 만들었고, 비기독교 어린이들을 위한 주일학교도 시작하였습니다.

1912년 말쯤에 맥라렌 부부가 부산진에서 일 년간 한국어를 배운 후 진주로 왔습니다. 나는 맥라렌의 아내 제시를 다시 만날 수 있어서 좋았습니다. 그녀는 레이디스 칼리지 기숙사에 있었는데, 내가 그녀를 알게 된 것은 멜버른대학교 내의 학생기독운동을 통하여서입니다.

1914년 4월, 아그네스와 함께 나는 한국어에 자신을 가지고 부산진의 일신여학교 교장으로 부임하였습니다. 이 학교에서 중등학교를 발전시키기 위함입니다.

오늘 와 주셔서 감사합니다. 해외 선교 기금을 후원해 주셔서 감사합니다. 여러분들의 관대한 헌금으로 어떤 좋은 일이 일어나고 있는지 아는데 나의 이야기가 도움이 되었으면 좋겠습니다. 함께 차를 마시면서 더 이야기합시다.

('더 호샴 타임즈', 1916년 3월 7일 화요일)

32. A Great Light in a Little Land

Once a little country went to sleep, like the famous Rip Van Winkle, and stayed asleep for many hundreds of years. While she slept she dreamed that everybody else slept, too, and that, as things had once been, so would they continue to be as long as the world was. Unknown to her, however, into another part of the world had come a great Light, which men could not put out, however hard they tried to do so.

Steadily the great Light shone on, finding its way quietly and gently, and yet with a power not to be resisted, into all the corners of the earth. Darkness tried to put it out, and sometimes seemed to have succeeded, but it always was found shining out somewhere else stronger and brighter than ever.

And so the Light travelled round the world, till it reached the little country that was sleeping. "Wake up!" the Light cried, "wake up, and let me in!" But the little country did not want to wake. She liked better to sleep, and it was easier to sleep with Darkness in the land than it would be if the Light came in. Vainly, however, did she try to stay asleep.

The Light had come, and could not be kept out, and now, today, nowhere is it shining stronger or more radiant than it is in the little country that was once asleep. How this little country,

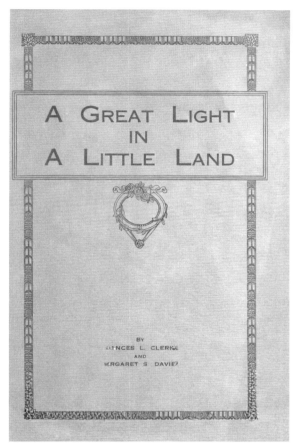

'한 작은 땅의 큰 빛', 프란시스 클러크와 마가렛 데이비스, 1916.

which we call Korea, was awakened, and what the Light did for it
when it came, is what this little book tries to tell.

(FL Clerke & MS Davies)

33. 휴가를 마치고 돌아오다

　휴가를 마치었다. 이제 가장 큰 일은 자리에 앉아 '더 크로니클' 독자에게 편지를 쓰는 것이다. 그 생각을 하니 고향에서 만난 얼굴들이 다시 그립고 향수에 젖게 된다. 지난 휴가 동안의 행복했던 기억과 즐겁게 지내도록 도와준 여러 친구가 고마워진다. 휴가를 마치고 클라크와 나는 새로운 열정과 각오로 선교 활동에 임하고 있다. 다시 이곳에 적응하기는 쉽지 않다.

　이곳 동방은 우리의 나라와 너무 다른 곳이다. 보이는 것과 참기 힘든 냄새는 우리 서양인을 종종 도망가게 한다. 대부분 집은 매우 가난하며 더럽다. 이번에 두 번째로 오니 많은 생명 속의 어두움과 비참함의 그 무엇이 곳곳에 보인다.

　두 주 전에 클라크와 나는 이 땅에 다시 도착하였다. 즐거운 항해였으며 니코 마루호의 선장과 선원들은 친절하고 도움이 되었다. 우리의 동료들이 부산항에서 우리를 기다리며 환영하니 긴 여정의 피로가 가시는 것 같았다. 20명 정도의 동료와 한국인 친구가 어둠 속에서 우리를 반겼다. 우리는 새 전차를 타고 부산진으로 갔는데 부산에서 가기에 매우 편리하였다.

　우리가 도착한 때 선교사공의회가 열리고 있었다. 지난 수요일 시작하여 다음 주까지 계속된다고 한다. 성찬예배는 주일 오후에 열렸다. 토마스가 설교하였고, 왓슨이 성찬식을 인도하였다. 엄숙하고 아름다운 예배였다. 나와 클라크는 우리가 고향을 떠날 때 머독 씨가 총회 회관에서 인도한 환송 예배를 기억하였다. 일 년 동안의 사업을 논의하는 공의회에 일부분이라도 참석할 수 있어 좋았다.

마가렛과 진 데이비스 Margaret & Jean Davies, Date Unknown
(Photo: Davies Family Album)

　　이곳의 여학교는 월요일 개학하였다. 김금오와 강신해 그리고 두 명의 젊은 교사는 여름 동안 진주의 일반 학교 과정에 참가하고 개학에 맞추어 돌아왔다. 몇 익숙한 얼굴은 안 보였지만, 교사와 학생들을 다시 만나 좋았다. 한문 교사를 제외하고 모든 교사가 일본어를 배우느라 매우 바쁘다. 금오와 신해는 금이와 매물이 보다 잘하면서도 더 열심히 하고 있다. 이들이 일본어를 잘하는 것은 매우 중요하다. 금오는 진주에서 일본어 시험을 보았지만, 아직 결과를 모른다. 금오와 신해는 여름 내내 열심히 공부하여 마르고 피곤해 보였다. 한국에서 학교 교사들에게 어려운 시기이다.

부산진, 9월 30일.

('더 크로니클', 1916년 12월 1일, 3)

34. 언양과 울산 순회

여름의 따뜻함이 아직 남아있는 온화한 날, 멘지스와 나는 언양과 양산 중간의 어느 길 위에 있었다. 우리는 일주일 전에 언양의 여성 성경반을 맡아달라는 요청을 받았다. 기차와 마차를 탔고 마지막 부분은 도보로 갔다. 가장 매력적인 길이었다. 세계 어디선가는 전쟁이 진행되고 있다는 사실이 믿기지 않을 정도로 평화로운 시골길이었다. 대부분의 벼는 추수되었고 이제 보리 씨를 뿌릴 때이다….

멘지스에게는 이 길이 처음이 아니었다. 20여 년 전에 그녀는 심 목사와 함께 대구에서 이 길을 걸어왔었다. 젊었던 그녀가 이제는 '구관의 할머니'가 되었다. 그때는 인적이 뜸한 곳이었고, 그녀가 아마 서양인으로는 처음 왔던 곳이었을 것이다.

밤이 되어서야 우리는 언양읍내에 들어섰다. 성경반을 위하여 모인 여성들이 우리를 반겼다. 그리고 엿새 동안 언양교회는 밤낮으로 학생들로 넘쳐났다. 성경반은 오전 9시 30분에 시작하여 오후 3시 30분에 마치었다. 저녁에는 찬송을 부르고, 믿지 않는 자들에게 그림을 설명하고, 숙제를 하였다. 시편 103장 1~7절까지를 크게 써 예배당에 걸었다. 매일 한 구절씩 설명하였고, 마지막 날 모두 암송하였다. 글을 모르는 노인들도 마지막 날에는 큰 실수 없이 잘 외웠다. 대부분 다른 과목도 열심히 공부하였다.

추수 기간 여성들이 집을 떠나는 것이 어렵지만 우리가 함께하므로 등록된 55명 중 40명이 수료를 하였다. 이들의 기도 속에는 가정에 근심이 없게 해 달라는 내용이 많았다.

데이비스와 멘지스-동래일신 Davies & Menzies-Dongrae Ilsin, 1917
(Photo: Dongrae Girls High School)
*동래일신여학교 5기 졸업생 3명이 1917년 졸업하였는바 앞에 앉은 학생이
왼편부터 김순이, 문복숙, 박순천으로 사료된다. 일제의 영향으로 외국인 즉
호주선교사의 얼굴 부분이 훼손되었다. -저자 주.

언양반 후에 멘지스는 울산에도 갔다. 나는 학교 일로 돌아왔고, 그녀는 두 명의 전도부인과 함께 하였다. 그곳의 여성들도 그들을 진정으로 환영하였다. 그중 멘지스에 관하여 많이 들었지만 처음 만나는 여성들도 있었다. 이들은 나이가 든 멘지스가 여전히 자신들을 방문하여 감사해하였다. 여성들은 말뿐만이 아니라 선물도 주었는바 달걀, 감, 밤, 소고기 등 줄 수 있는 것은 다 주었다.

11월 17일 동래읍교회에서 두 쌍이 결혼하였다. 신랑은 양자와 김 지도자와 그의 아내 한세의 조카이다. 신부 중 한 명이 정인순인데 부산진 우리 학교에서 공부하고 통영에서 가르쳤고, 다른 한 명은 봉남이로 동래읍의 야간반에 다녔다. 특별 요청으로 멘지스와 내가 신부들의 들러리를 섰다. 매우 부끄러워하는 신부들에게 들러리는 매우 중요하다. 적절하게 안내도 하고 제시간에 반지도 꺼내 주어야 한다. 한국에서 신부는 하얀색 장갑을 끼지 않는다. 비단으로 감싼 손가락을 잘 꺼내어 반지를 낄 수 있게 도와주어야 한다.

지난주 맥켄지가 갑자기 고열에 시달려 우리는 크게 염려하였다. 장티푸스 같아 테일러 박사와 네피어를 급히 불렀다. 다행히 그것은 아니었지만, 6~7일 동안 고열이 계속되어 그는 매우 쇠약해졌다. 그는 부산진에서 열리고 있는 남성경반에서 가르치지 못하여 실망스러워하였다. 왓슨과 커닝햄이 엥겔과 라이트를 돕기 위하여 왔고, 그리고 두 명의 한국인 목사도 함께 가르쳤다.

부산진, 12월 2일.
['더 크로니클', 1917년 2월 1일, 3]

35. 도지사의 학교 시찰

　　1917년 2월 23일 오후 2시 부산진의 일신여학교에서 쓴다. 오늘은 반에서 공부하는 대신 교사들 앞에 학생들이 줄지어 운동장에 서 있다. 분홍과 빨간색의 웃옷이 뒤에 서 있는 잎이 바란 대나무와 대조해 보였다. 학생들의 얼굴은 긴장해 있었다. 한문 교사와 이야기를 나누던 키 큰 경찰이 갑자기 학교 뒤편을 뛰어갔고, 곧 세 명의 남성이 시냇물 뒤편에 나타났다. 다리는 없었고 물은 적었지만 건너기에는 좀 애매한 시냇물이었다. 경찰이 다시 나타나 그들이 잘 건널 수 있도록 안내하였다. 그들이 곧 우리 쪽으로 올라오는 모습이 보였다.

　　첫 번째 남성은 40살쯤 되는 중간키의 남성으로 경상남도 도지사이다. 오늘 우리 학교로 시찰 나온 것이었다. 두 번째 남성은 좀 더 나이 들어 보이고 안경을 쓴 부산의 행정관이었다. 그는 영어를 잘하므로 주로 나와 대화를 나눈 사람이다. 세 번째 남성은 감독관인데 그는 전에 우리 교사 두 명의 일본어 시험을 돕던 사람이었다. 도지사와 행정관은 무거운 웃옷을 입고 있어 계단을 오를 때 힘들고 더운 모습이었다. 학교 시찰이 피곤하다는 표정이었다.

　　학생들은 가르친 대로 깊고 진중하게 인사하였고, 손님들은 나와 함께 위층의 사무실로 올라갔다. 그곳에서 그들은 학생들이 수놓은 옷감과 그린 그림을 보았고, 학교에 관한 질문도 예의 있게 하였다. 그 후 강당에 모여 있는 학생들에게 도지사는 몇 마디 연설하였고, 경찰이 통역하였다. 그는 우리 학교가 정부의 요청을 잘 따라 기쁘다고 하였고, 수공예품과 그림을 잘 만들었다고 하였다.

도지사는 성경을 기독교 학교의 윤리 교과서로 언급하였고, 성경과 교사들의 본을 따라 행동할 것을 강변하였다. 그의 연설 후 학생들은 일본 국가를 불렀다. 이들이 떠날 때 학생들은 고개 숙여 인사하였고, 나의 다과회 초청에도 이들은 시간에 쫓기는 듯 떠났다. 공립학교도 가야 하는 이들이 우리 학교에 처음이지만 방문하게 되어 다행이라 생각하였다.

　　학교의 또 다른 모습을 살펴보자. 화요일 오후 4시이다. 정규수업이 다 끝났다. 그런데 종이 갑자기 날카롭게 울리자 30명 되는 학생들이 계단을 올라 7반과 8반 교실로 들어갔다. '왕의 딸들' 모임으로 회장인 서 선생(학교에서는 매물이를 그렇게 부른다)이 찬송을 인도한다. 찬송과 기도 후 학생들은 네 그룹으로 나뉘어 성경공부를 한다. 한 반은 교사가 인도하고 다른 세 반은 상급여학생이 인도한다. 교과서는 '주님의 인성'이다. 한국 여학생들 필요에 맞게 번역된 책이다. 각 그룹의 리더들은 미리 나와 함께 준비하였다. 일주일 전에 읽을 내용과 질문들을 준비한 것이다. 이 단체는 이제 5주 되어 아직 실험단계로 성경 읽기를 독려하고 있다.

　　이번에는 지난 화요일 마친 동래읍교회 여성반을 살펴보도록 하자. 아침에 이들의 모습은 즐겁고 행복한 모습이다. 읽기가 가능한 학생들이 멘지스에게 고린도 전서를 배우고 있다. 가름막 다른 편에는 강 부인이 '까막눈'의 노인들에게 더 쉬운 내용을 가르치고 양 부인은 젊은 여성들에게 마태복음을 설명하고 있다. 오 부인은 글을 모르는 여성들에게 칠판을 이용하여 읽기와 쓰기를 가르치고 있다. 젊은 여성들은 자신의 부모보다 성경을 더 잘 안다. 그러나 성경반에서 세대 간에 교제하는 모습은 보기 좋다. 안 믿는 자들은 이런 조화로운 모습을 보고 놀라워한다.

　　마지막 날은 서로 헤어져야 하기에 슬픈 날이다. 일주일 동안 같은 방에서 지낸 이들이 특히 더 그렇다. 등록한 79명 중 53명이 수료증을 받았다. 하루 이틀 후에 전도부인들은 또 다른 반을 위하여 양산으로 가야 한다.

부산진, 3월 2일.
['더 크로니클', 1917년 6월 1일, 3]

36. 새집과 성경학원

이 편지를 쓰는 시간, 두 여성이 엎드려 시험을 보고 있다. 옆 방에서는 심 목사가 구약 역사를 가르치는 소리가 들리고, 로마서를 가르치는 멘지스의 목소리도 마당에서 희미하게 들린다. 4월 말부터 시작된 여자성경학원 모습이다. 올해 20명이 입학하였고, 교사로는 앞에서 언급한 사람 외에 라이트 부인, 레잉, 정 목사 그리고 두 명의 전도부인인 강 부인과 양 부인이다. 이번 공부는 예배당에서 하지 않고 새집에서 하였다. 예배당에서 수업하면 학생들이 들락날락하여 마당이 더러워진다.

새집은 한국인이 한국 스타일로 만들었지만 좀 더 크고 지금 사용하기에 알맞게 지었다. 세 개의 방이 정사각형의 세 변을 형성하고, 나머지 변에는 벽과 문이 있다. 문 쪽 가까운 곳에 남성들의 공간인 3개의 방이 있다. 각 방은 미닫이문으로 나뉘어 있지만, 동시에 하나의 방으로도 쓸 수 있게 되어있다.

이 집의 주요 부분은 언덕 앞에 높게 지어졌고, 마당에서 돌과 시멘트 계단으로 올라가게 하였다. 중앙의 방은 보통처럼 나무 바닥이고, 여름에는 바람을 맞을 수 있게 열 수 있게 되어있다. 양 끝에는 침실이 있지만, 서양처럼 침대가 있는 것이 아니라 이불을 깔고 접어 자기도 하고, 공부도 하고, 먹기도 하는 용도로 사용한다. 이 방 중 하나에서 여성 둘이 지금 시험을 보고 있고 나는 문 쪽에 앉아 감독하고 있다.

다른 방은 매물이와 그녀의 모친이 관리자 역할을 하며 쓰고 있다. 성경반이 열릴 때는 다른 두 명의 교사도 그 방에서 함께 잔다. 낮에는 물론 교실로도 이용한다.

이때가 전도부인과 학생들에게 바쁜 시간이다. 두 번의 시험이 있는바 월말과 공부 끝날 때인데 힘든 시간이다. 금요일 오후에는 '교수 실습'이 있어 학생들 앞에서 가르쳐야 하며, 그들의 비평도 들어야 한다. 그러나 배움 자체는 이들에게 행복한 시간이며 일 년에 한 달씩 두 번의 기간은 특별하다. 공부 중간중간에 하는 놀이도 이들에게는 큰 즐거움이고, 크게 웃을 기회이다. 주일에는 가까운 교회에 가 주일학교에서 가르치는 실습도 한다. 이것은 배운 것을 연습할 훌륭한 기회이고, 교회에도 실제적이 도움이 된다.

우리 학교 새 일본어 교사로 고메야상이 왔다…. 우리는 우리의 한국인과 일본인 교사로 인하여 복이라고 생각한다. 국적이 다른 것에 개의치 않고 서로 좋은 관계를 유지하고 있다. 두 민족 간의 이해를 돕고 공동의 선을 위하여 함께 일하는데 이러한 우정은 귀하다.

부산진, 6월 1일.
['더 크로니클', 1917년 9월 1일, 3]

부산진 호주여선교사관 The Australian Ladies House, Busanjin
(Photo: 'Glimpses of Korea', 1911)

37. 엄마를 기다리는 신복이

지난 7월 말, '더 크로니클' 선교지에 우리 선교부의 소식을 못 보
내었다. 그래서 이번 편지는 보통보다 좀 길 것이다. 7월에 가장 마음
에 남은 일은 멘지스와 네피어에게 작별을 고하는 것이었다. '우리 어
머니'로 알려진 멘지스의 귀국은 이곳에 커다란 빈자리를 남겼다. 그
녀가 돌아와야만 그 자리가 채워질 것이다. 그 후 작은 신복이는 저녁
마다 베란다에 서서 일본 배가 들어오는 부산항을 내다보며 '마마'가
오는지 보고 있다! 그녀는 엄마를 한동안 못 볼 것이지만 그녀에게서
오는 편지는 복이에게 소중한 보물이 될 것이다….

8월 초 호킹은 원산에서 열린 3주간의 언어학교를 마치고 부산
진으로 돌아왔다. 스콜스와 스코트도 거의 한 달간 우리와 함께 있었
고, 에버리는 일본에서 돌아오는 길에 일 주간 머물렀다.

우리 학교 졸업생 김은애가 갑작스러운 결혼 발표를 하였다. 그녀
는 지난해부터 거창에서 가르치고 있다. 그녀는 한두 주 안에 결혼한
다는데 신랑은 하와이에서 왔다고 한다. 그는 성공한 사업가로 은애
의 모친이 사윗감으로 만족한다고 한다. 우리에게 다행인 것은 그가
기독교인이라는 점이었다. 은애는 우리 교회 수세자이지만 그녀의 가
족은 모두 불신자여서 불안해하던 참이었다.

은애의 여동생과 친구들은 그녀의 결혼 의상을 만드느라 바빴고,
우리는 서양식 면사포와 화환을 부탁받았다. 하늘색 예복과 하얀 면
사포는 그녀를 더욱 아름답게 만들었다. 예식 중에 그녀는 긴장하였
으나 후에는 보통의 한국인 신부처럼 수줍어하지 않고 잔치를 즐기는

모습이었다. 스코트와 매물이가 들러리를 섰다. 스코트는 거창에서 그녀를 잃게 되어 매우 아쉬워하였다. 우리도 그녀가 좀 더 가르치면 좋겠지만 그녀의 행복한 결혼식을 기뻐하였다.

지난주 레잉과 나는 우리 선교회를 대표하여 연합공의회 참석차 서울에 갔었다. 다른 선교회 사람들을 만나 새로웠다. 토론 제목은 주일학교 교육, 연합 찬송가, 한국을 위한 기도 달력 등이었는바 매우 흥미로웠다.

부산진, 9월 6일.
('더 크로니클', 1917년 12월 1일, 3)

38. 성탄 공연

성탄절이 오갔고, 새해가 시작되었다. 천사의 평화의 소식이 언제나 전 세계에 실현될까? 1918년에는 어떤 일이 일어날까? 장래가 어두워 보이지만 우리는 믿음과 희망을 품고 앞으로 나아가야 한다. 하나님은 자신의 목적을 위하여 역사하시며, 선한 길로 인도하실 것이다.

우리의 작은 성탄 축하가 세계의 위기에 큰 영향을 미치지 못하지만, 어린이들의 노래와 율동을 통하여 이 땅의 많은 사람에게 하나님 나라의 기쁜 메시지가 점점 더 전하여지기를 기대한다. 첫 축하 공연은 성탄 이브 금요일에 여자 야학반이 하였다. 80여 명 되는 야학교 학생들이 학교의 가장 큰 교실에 모여 각 반의 순서에 따라 노래나 성경 암송을 발표하였다.

우리 지역 한국인 목사인 함 목사가 간단한 설교도 하였다. 그는 학생들에게 야학만 출석하지 말고 교회 예배에도 참석하라고 독려하였다. 그 후 거행된 시상식에서 개근상을 받은 학생은 10센의 신약이나, 16센의 찬송가 혹은 공책이나 연필을 받았다. 그리고 일본 과자를 나누며 즐거운 시간을 가졌다.

가장 흥미로운 축하는 성탄절 오후 1시 비기독교인 가정 아이들을 위한 자리였다. 우리 선교부 서기 김수홍과 여학교 교사 김금오가 아이들을 가르쳤는바 노래, 암송, 율동 등이었다. 이 아이들의 축하 무대는 성공적이었고 구경꾼들도 만족하였다. 마지막에는 모든 학생과 교사가 선물을 받았다.

가여운 한 여학생은 곱추인데 이웃 마을 엥겔 부인의 학생이다. 이번 성탄절을 위하여 상급반 학생들이 그녀를 위하여 옷을 만들어 주었다. 그 학생 나이가 17살이라는데 7살로 보일 정도로 작다.

나의 활동은 평상시처럼 대부분 학교나 기숙사에서 보낸다. 그러나 지난 11월에는 1년 전에 멘지스와 갔던 언양에서 성경반을 인도하였다. 세 명의 전도부인과 함께 하였다. 우리는 반을 여러 개로 나누어 가르치는 것과 배우는 것이 좀 더 쉬웠다. 언양 지역의 여성들은 특별히 지적이고 열심이었는바 작년과 마찬가지로 유익한 시간이었다.

새 일본인 교사가 부임하였다. 가와쿠보상은 부모와 함께 일본으로 돌아갔고, 그 자리에 이토 부인이 온 것이다. 그녀는 선교 학교를 나왔고, 전도부인을 하였으며, 서울의 선교 학교에서 3년을 가르치기도 하였다. 그녀는 아이 하나가 있는 젊은 과부로 부산에 있는 일본인 장로교 목사에게 소개받았다. 기독교인 일본인 교사를 찾게 되어 우리는 축복이다.

부산진, 1월 5일.

('더 크로니클', 1918년 3월 1일, 3-4)

39. 미우라학원의 일과

문복숙 Poksook Moon, 1917.

　현재 미우라 기숙사에는 작은 신복이를 포함하여 10명의 소녀가
있다. 거기에 더하여 세 명의 교사와 사감까지 있는 큰 가족이다. 소녀
중 세 명은 지난번 보고 이후 새로 들어온 아이들이다. 한 명은 통영

에서 다른 한 명은 울산에서 그리고 마지막 아이는 부모가 부산을 떠나면서 우리 학교에서의 공부를 위하여 우리에게 맡겼다.

일과는 아침 8시 반에 기도로 시작한다. 그리고 금이가 체조를 위한 종을 치기 위해 학교로 뛰어가기 전 각 원생은 자기의 성경 구절을 암송한다. 박세윤은 3월 말 학교 과정을 마치었다. 그녀는 자랑스러운 졸업장을 받기 전까지 학원 일을 돕고 있다. 이토 부인이 갑작스레 떠나게 되어 세윤이 3주 동안 우리를 돕게 되어 기쁘다. 그녀는 또한 여성 성경학원에서 매주 두 번 수학을 가르친다. 그녀가 기숙사에서도 일을 도우므로 사감이 성경학원에 참석할 수 있다.

문복숙과 최명애도 3월에 기숙사에 있었다. 명애는 그러나 간호 일로 곧 진주로 돌아갔다. 복숙이도 통영의 예비 학교에서 일하기 위하여 그곳으로 떠났다. 이들의 신앙이 그곳에서도 형식이 아닌 진실하고 살아있기를 소원한다. 나머지 아이들은 자리를 못 잡고 불안하여 우리에게 적잖은 염려를 주고 있다.

1918년 2월~4월
['더 크로니클', 1918년 7월 1일, 4]

Report of Myoora Institute

We are rather a large family in the dormitory at present-ten girls (including little Sinpogie), three teachers, and the matron. Three of the girls are boarders, who have come to us since the last report was written. one of them is from Tongyung, another from Ulsan, and the third came into the dormitary because her parents, through moving out of Fusanjin, wished her to continue her schooling. We have to begin prayers punctually at 8.30 these mornings to get time for each girl to repeat her verse of Scripture before Keemy has to hurry off to school to ring the bell for drill.

Moon Pokseegie and Chway Myungai were both home for the holidays in March, but all too soon it was time for Myungai 새 return to her nursing duties in the Chinju Hospital, and for Pokseegie to take up her new work in the preparatory school in Tongyung.

We long for them all that their Christianity may be real and living, and not a mere matter of form. Some of them are unsettled and restless, and at times cause us no little anxiety.

('The Chronicle', July 1, 1918, 5)

40. 돌아온 멘지스

지난 5월과 6월은 기숙사에서 열심히 책을 읽는 학생들이 많았다. 학생들은 시험이 다가왔고 두 명의 성경학원 학생인 사감과 호킹의 언어교사는 예습이 필요하였기 때문이다. 이들은 저녁 예배 후에도 종종 나를 불러 자신이 공부하는 성경 구절의 의미를 물었다. 때로 토론이 길어지기도 하였고, 학교 교사도 이따금 우리의 토론에 참여하였다.

사감은 때로 걱정스러운 표정을 짓지만, 자신의 기숙사 일을 게을리하지 않으면서 공부도 잘 대처하고 있다. 장날에는 오후에 큰 바구니를 가지고 학교를 떠나 장에서 필요한 물품을 사 온다. 세윤이가 기숙사를 돌보고 바느질도 도와 그녀는 좀 자유롭게 일과 공부를 하고 있다.

우리 학교 방학 일은 7월 17일이다. 그러면 두 명의 교사와 학생들은 자신들의 집으로 떠난다. 기숙사에는 사감과 금이 그리고 다섯 명의 소녀만 남는다. 나도 8월 말까지 떠나 있을 텐데 호킹이 친절하게도 여름 동안 기숙사를 돌봐주기로 하였다.

이제 개학이 된 지 한 달이 되었지만 두 명만 기숙사로 돌아왔다. 매물이 대신 교사로 온 주경애가 기숙사에 들어와 금이와 방을 함께 쓰고 있다. 매물이는 한동안 기숙사를 떠나 모친과 같이 있었는데 처음에는 동래에서 그다음에는 성경학원에서 지냈다. 그리고 그녀는 종종 기숙사에 놀러 왔다. 기숙사와 학교에서 우리는 그녀를 그리워한다. 금이는 직업을 바꾸었다. 학교 일을 계속하는 대신에 매카그의 언어교사가 되었다. 그러나 그녀가 기숙사를 떠나지 않아 우리는 기쁘다.

몇 주 전 호주에서 '어머니'(멘지스)가 돌아와 모두 행복해하였다. 사감으로부터 작은 신복이까지 그녀가 방문하기를 손꼽아 기다려 왔다. 공의회 모임으로 마산포에 있던 우리는 그녀를 맞이하지 못하여 섭섭하였고, 어서 그녀를 만나 환영하기를 기대한다.

1918년 5~9월.
('더 크로니클', 1918년 12월 2일, 4)

데이비스와 멘지스 Davies & Menzies, Date unknown
(Photo: Dongrae Girls High School)

41. 박 장로의 양아들

독감으로 인하여 우리는 현재 다른 것을 말하거나 생각할 여력이 없다. 다른 나라에서처럼 이곳에서도 사방에서 많은 희생자가 나오고 있다. 건강한 사람도 짧지만 심하게 앓는데 회복하기까지 일주에서 열흘 걸린다. 폐렴이나 다른 합병증이 생기면 위험하고 많은 한국인이 이렇게 사망하고 있다. 부산진과 이웃 마을을 포함한 부산의 치명률은 35%이다. 이것은 물론 한국인뿐만 아니라 일본인도 포함하는바 양쪽에서 공평하게 각 삼만 명이다.

동래에서는 우리의 장로 한 명을 잃었다. 독감에 이어 폐에 문제가 발생한 것이다. 또한, 전에 일하였던 한 전도부인의 50살 되는 딸도 사망하였다. 둘 다 짧게 앓다가 사망하였다는 것이 특징이다. 지난 토요일 저녁 우리는 동래에 갔었는데 예배당 옆 작은 방에서 박 장로가 앓고 있었다. 그러나 심각하게 보이지는 않았다.

그리고 그다음 토요일 엥겔, 라이트 그리고 내가 박 장로의 장례식에 조금 늦게 도착하였다. 그의 죽음은 그의 모친과 가족에게 큰 충격이었다. 그뿐 아니라 그곳의 교인과 그가 돌보던 시골의 교회까지 모두 슬퍼하였다. 십여 년 전에 회심한 그는 진실한 기독교인이었다. 그는 교회의 성장과 주님을 위하여 전심으로 일하였다. 그가 마지막으로 한 일은 한 시골 교회당 벽에 새 종이를 바르는 일이었다. 그때 그는 몸이 좋지 않았고, 집에 가 쉬라고 그곳 목사가 말하였다. 그러나 그는 기어이 그 일을 모두 마치었다고 한다.

박 장로의 아내는 아이 없이 몇 년 전 사망하였다. 그래서 박 장로는 죽음 전에 자신의 이름을 이을 아들 한 명을 입양하기 원하였다. 장례식이 있던 저녁 나는 그의 양자가 누구인지 궁금하였다. 그날 저녁 작은 방은 램프로 불을 밝혔고, 남성 6명 정도가 둘러앉았다. 두어 명 정도는 창가에 서 있었다. 여성들은 옆의 더 작은 방에 모친이 아파 누워있는 방에 모여 있었다. 시골에서 온 중년 남성이 발언을 이어 갔다. 그는 양자의 부친으로 박 장로가 죽으면 그의 재산을 어떻게 처분하여 나누어야 하는지를 말하고 있었다. 다른 사람은 그에게 재산을 나눌 이유가 없다고 항변하였다.

그때 박 장로 가족은 그의 유언에 관하여 말하였다. 박 장로의 유언은 글로 남긴 것은 없으며 말로 하였는데, 일곱 번째 조카를 양자로 삼아 자신의 가정을 이어가라는 것이었다. 그 양자는 자신의 부친 옆에 조용히 앉아있었다. 모인 사람 중 한 명이 양부의 신앙을 이어 교회에 계속 다니겠는지 그에게 물었다. 양자는 전형적인 시골 청년으로 옛날 방식으로 머리를 따 늘어뜨린 조용한 사람이었다. 그는 몇 마디 하였고, 그의 부친이 대부분 다 말하였다. 집이 시골에 있어 매 주일 참석은 어렵다는 대답이었다. 그러나 '예수 사설'에 대한 공부를 하겠다고 약속하였다. 이제 그는 양자가 되었으므로 박 장로 가족의 아들로 제일 크게 통곡하며 상을 치루게 되었다….

부산진, 11월 6일.
['더 크로니클', 1919년 1월 1일, 3]

42. 일본 외무성의 문건

[불령단관계잡건-조선인의 부-재내지(7)]
- 소요사건의 개황(조선총독부 정무국 1919. 5. 31. 접수)
(상략)

소요 발발 전후로 외국인이 한 언동 가운데 주된 것을 들면 다음과 같다.

(중략)

(12) 3월 11일 경상남도 부산진 소요 때에 이 지역 오스트레일리아 장로파가 경영하는 일신여학교 교장 영국인 여자 선교사 데이비스 및 교사 호킹은 '후리시요(フリシヨ)'(만세를 부르자는 뜻)라고 고창하며 생도를 지휘하였고, 생도는 이에 따라 만세를 부르며 행진하였다.

이에 앞서 교장 데이비스와 조선인 여교사 주경애는 교원 일동에게 각지에서 독립운동을 개시하고 있으므로 우리 학교에서도 거행하자고 제의해 일동은 이에 찬성하여 이를 생도에게 전하였다. 3월 10일 이 학교 고등과 생도 11명은 운동에 필요한 구 한국기 50개를 만들어 이 학교 기숙사 감독 멘지스에게 건넸고, 이 사람은 이후 증거를 없애기 위해 이를 소각한 사실이 있다. (하략)

[국가보훈처 보도자료, 2022년 2월 27일, 21]

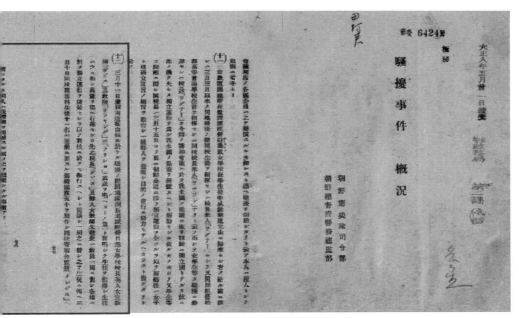

일본 외무성 문서 Papers of Ministry of Foreign Affairs of Japan accusing the
Australian women missionaries, 1919(Photo: Ministry of Patriot and Veterans
Office of the Korean Government)

43. 여학생 10명이 기소되다

"부산진여학교 묘령의 학생 10명이 기소됨.
여교원 두 명과 같이."

부산진에서 소요를 일으킨 사립일신녀학교 교원생도중 주모자를 검거하야 부산지방 법원에서 취조중이던바 동교 녀교원 주경애, 박시연 외 생도 열명은 모두 보안법 위반으로 기소되야 부산지방법원 공판에 붙이였는데 모두 십오륙세로부터 십팔구세의 꽃같은 여학생으로 검거자중 동교 녀교원 '가림말이' 동교 생도 림운이, 최복련의 세 명은 불기소가 되였더라.

또 통영에 대한 소요에 관하야도 통영면 서기 김형기, 동 이태환, 통영군령고원 배익조의 여섯 명은 기소되었는데 검거자중 다섯명은 불기소가 되었더라.

또 통영면 신정구량 리봉철과 동디 대화정 유치원의 녀교사 문복숙(19) 동 김순이(17)의 세 명은 그곳 연극장 앞에서 한국기를 두르고 만세를 고창하야 군중을 선동코저한 자인데 모두 기소되였더라.(부산)

[매일신보, 1919년 4월 7일]

Ten students and two teachers arrested, 1919(Photo: Maeilsinbo)

44. 부산진의 만세운동

　지금 이 지구의 이 지역이 혼란스러운 시기라고 할 수 있다. 온건하게 표현하면 말이다. 수년 동안 일본의 멍에 아래 인내하며 순복해 왔던 한국인들의 인내심이 끝이 나고 있다. 좀 더 깬 사람들이 해외 국가에 이 나라의 처지를 호소하고 있다. 이들에게는 어떤 총이나 무기도 허락되지 않기에 길거리나 장터에서 사람을 모아 한국 국기를 흔들며, 한국의 독립을 연설하며, '대한 독립 만세'를 외치고 있다.

　일본 당국의 위협에도 불구하고 어떻게 독립운동이 일어났는지, 어떻게 사람들이 잡혀서 감옥에 갔는지, 북쪽의 선교사들이 말할 수 있다. 그렇게 박해를 받으면서도 많은 사람이 두려워하지 않고 독립을 위하여 함성을 지르고 있다. 남쪽에는 일본인이 더 많기에 위쪽의 한국인보다 용기도 활발함도 덜 하다.

　그런데도 일주일 전 우리 학교 11명의 학생과 두 명의 교사가 부산진의 중심가에서 시위했다는 이유로 체포되어 잡혀갔다. 호킹과 나는 우리 기숙사의 학생들을 데려오려고 나갔다가 우리도 체포되어 부산경찰서에 36시간 구류되었다. 그리고 경고를 받고 풀려났다.

　멘지스와 나는 다른 지역에 소요가 있었다는 것을 그 일주일 전에 알았다. 우리 학생들 사이에서도 긴장감이 흘렀고, 기숙사와 학교에 의심받을 행동을 하지 말고 매우 조심하라는 특별 경고를 내렸다. 그러나 우리는 경고가 쓸모없다는 것을 느꼈고, 그들이 마음에 결정하였다면 막을 길이 없었다.

　3월 11일 화요일 저녁 8시 30분까지는 조용하였다. 그때 우리는 기숙사의 학생들이 없어졌다는 것을 알았다. 사감과 금이도 그들이 어디 갔는지 몰랐다. 멘지스가 즉시 그들을 찾기 위하여 나섰다. 그녀가 돌아와 교회에도 그들은 없다고 말하였다. 호킹과 나는 그녀에게 우리가 찾아볼 테니 집에서 기다리라 하였다.

갑자기 우리는 '만세!'하는 함성을 들었다. 우리는 찾고 있던 작은 골목에서 뛰쳐나가 소리가 들리는 큰길로 나갔다. 처음에는 남학생들만 보였다. 그러다 곧 우리 여학생들이 보였는데 함성을 지르는 행렬에 함께 있었다. 큰 행렬은 아니었지만, 사람들은 작은 골목에서 무슨 일인지 지켜보았고, 그 '반란'에 참여하기 매우 두려워하였다. 우리는 우리 학생들을 집에 데려오려고 힘을 다하여 뛰었다. 그러나 그들은 더 멀리 달아났다. 심 목사의 작은 딸만 집으로 보낼 수 있었다. 다른 학생들은 우리의 말을 듣지 않았다. 우리의 노력이 쓸모없자 우리는 그들을 그대로 두고 조용히 집으로 돌아왔다.

우리가 집에 온 지 20분 정도 지나 검은색 옷을 입은 사람들이 줄지어 집 앞에 나타났다. 그들은 경찰이었고, 큰길에 나왔던 우리 두 명에게 경찰서로 같이 가자고 요구하였다. 처음에 우리는 몇 가지 질문에 대답만 하면 되는지 알았는데 우리를 차에 태워 부산까지 갔고, 그곳 경찰서에서 두 시간을 기다리게 하였다. 그리고 우리에게 말하기를 그날 밤 그곳에 있어야 한다는 것이었다.

그들은 우리에게 한 방을 보여주었는데 책상과 의자 두 개가 있었고, 칸막이 뒤에는 침대 두 개가 놓여있었다. 그곳이 불편하지는 않았지만, 일본 형사들이 밤새도록 들락거리며 우리에게 괜찮은지 형식적으로 물었다. 실제로는 우리가 그곳에 아직 있는지 이상한 행동은 하지 않는지 보기 위함이었다. 멘지스가 한국인 경찰로부터 우리가 이불을 원한다는 말을 전해 듣고 사감과 요리사를 시켜 이불과 깔개를 보내주었다. 그때가 새벽 3시였다. 경찰은 즉시 이불을 검사하며 그

속에 칼이 있는지 물었다.

그다음 날도 온종일 우리는 경찰서에 갇혀있었다. 음식을 시켜서 먹을 수 있다는 말을 듣고 부탁하였는데, 우리의 입맛에 맞는 것이 없어서 거의 먹지 못하였다. 오후에 창문을 통하여 우리의 조사 중 한 명을 보았고, 우리는 멘지스와 매카그에게 메시지를 전할 기회로 생각하였다. 경찰 앞에서 우리는 그에게 필요한 화장실용품과 음식 목록을 전할 수 있었다.

밤 9시 30분이 돼서야 라이트가 물품을 담은 바구니를 들고 나타났다. 그러나 그가 우리와 대화하는 것은 허락되지 않았고, 바구니도 검사당하였다. 그 전날 오후 6시부터 먹지 못한 배고픈 두 명의 선교사는 밤 10시가 돼서야 제대로 된 첫 식사를 할 수 있었다.

한 가지 언급 안 한 것이 있다. 그날 아침 10시 검은 수염의 경찰이 우리를 짧게 인터뷰하였다. 우리 학교나 집 안에 한국 국기가 있던 것을 알고 있었느냐는 것이었다. 우리는 알지 못하였고 그대로 말하였다. 다음 날 아침 그가 다시 와 인터뷰하였다. 이번에는 질문 없이 우리의 집에 한국 국기가 있었고 멘지스가 그것을 불태웠다고 말하였다.

후에 우리가 알기로는 멘지스도 모르게 한국 국기들이 그녀가 관리하는 우리 집 책 사이에 숨겨져 있었다고 한다. 우리가 떠나고 그녀와 매카그 그리고 금이가 책들을 뒤져 그 국기를 찾았다고 한다. 한국 국기 사용이 금지되어 있었기에 멘지스가 빨리 그것들을 불태운 것이다. 그 후 멘지스는 국기를 불태운 동기에 대해 경찰에게 수 번 심문을 받았다. 학생들의 죄의 증거를 없애려고 불태운 것이 아니라 그저 방해되지 않게 하려고 그랬다는 대답을 그들은 믿지 않았다. 호킹과 내가 체포되던 저녁부터 그다음 날까지 우리 집은 실제로 경찰들이 통제하였고, 가장 힘든 부분은 멘지스가 많은 심문을 받았다는 것이다.

호킹과 나는 3월 13일 오전 11시 30분에 풀려났다. 풀려나기 전 우리를 경찰서장 앞으로 데리고 갔고, 그는 우리를 풀어주겠다고 하였다. 그러나 우리가 잘못이 없어서가 아니라 시위 도중 폭력을 행사하지 않아서이고, 우리는 '보통 사람'이 아니라서라고 말하였다. (보통 사람이 아니라는 뜻은 우리가 한국인 아니라는 의미인 것으로 생각된다.) '다시는 그러한 문제 개입되지 말라'는 경고도 있었다. 우리는 진실을 말하려고 하였지만, 우리가 말하는 것을 그는 듣지 않았다.

우리가 경찰서에서 나와 처음으로 우리 학생 11명(기숙사의 5명 포함)과 2명의 교사가 감옥에 갇혔다는 이야기를 들었다. 우리는 즉시 그들을 면회하기 원했지만 우리는 물론 그들의 부모와 친구도 허락이 안 되었다. 그들이 먹지 못하고 있다는 소식을 듣고 하루에 두 번 여관에서 음식을 보내주기로 하였다. 그 후 감옥 근처에 사는 기독교 가정에서 음식을 준비하여 감옥에 넣어주고 있다. 우리가 듣기로 여학생들은 세 방에 나뉘어 있는데 감옥에서 그래도 괜찮은 방에 있고 큰 어려움은 없다고 한다. 여학생들은 아마 하루 이틀 후에 출소할 것이지만, 교사들은 좀 더 오래 있을 것 같다.

멘지스, 호킹, 매카그, 금이 그리고 나 모두 법정에 소환되어 교차심문을 받았다. 매카그를 제외하고 모두 지역 경찰서에 가 많은 질문에도 대답해야 하였다. 그 질문 중에 다음과 같은 것이 있다.

"한국 오기 전에 호주에서 범죄한 사실이 있습니까?"

"당신의 해로운 가르침으로 학생들이 감옥에 있는데 부끄럽지 않습니까?"

우리는 이 질문에 수치스러울 것이 하나도 없다고 대답하였다.

이달 12일 라이트는 영국영사관에 편지를 썼다. 공사는 즉시 총독에게 가 문의하겠다고 하였고, 호킹과 나에게 그동안 있었던 일을 적어 달라고 하였다. 우리가 감옥에 있을 때 취급받은 내용까지 말이다. 우리는 각각 경험한 내용을 적어 보냈고, 영사가 이 문제에 대하여 적절하게 처리할 줄 확신한다.

부산진, 3월 18일.
('더 크로니클', 1919년 6월 2일, 3)

Interviewed by the Police

I omitted to mention that at 10 o'clock that morning we had had a short interview with a black-braided official, who asked us if we knew of some Korean national flags being in the school or in our house. We knew of none, and told him so. Next morning he again came in for an interview, this time asking no questions, but merely informing us that there had been Korean flags in our house, but that Miss Menzies had burnt them. We found out afterwards that these flags had been placed, without Menzies' knowledge, among some books that she had been asked to take charge of.

After Miss Hocking and I had been taken off she, Miss McCague, and Keemy looked through the books and discovered the flags. The use of them prohibited, Miss Menzies' one idea was to put them in the fire as quickly as possible. She has since been much questioned by officials on her motive for so doing; they will not believe that it was not at all with the idea of destroying evidence against the girls, but simply to get them out of the way….

Miss Hocking and I were released about 11.30am on 13th March. Before being sent we were called before the Chief of Police, who told us that we were being let go, not because we had done no wrong, but because no acts of violence had been committed during the demonstration, and because we were not 'ordinary' people (by which we suppose he meant Koreans). We were 'to be careful to get into no such trouble again.'

('The Chronicle', June 2, 1919, 3-4)

45. 김반수 학생의 증언

…

이때 일신여학교 일본인 여교사 가운데 사까이라는 형사의 여동생이 있었다. 이에 앞서 우리들이 학교 내에서 쑥덕쑥덕하는 것을 눈치채고 사까이 형사는 자기 여동생을 통하여 학생들의 동태를 내탐하면서 학생 개인 집을 미리 확인해 두었다.

우리들의 만세 시위가 전개되자 일본 형사들은 학생 집을 샅샅이 조사하면서 학생들이 집에 있는지의 여부를 부모들에게 물었다. 부모들이 '저녁 먹고 나갔다'고 하자 일본 형사들은 무조건 혐의자로 인정하고 색출에 나섰다.

　이때 나는 좌천동 박정수 집에 가 숨었다가 사까이 형사에게 체포되었다. 사까이 형사는 학생들이 모여 있는 곳으로 가자고 하면서 나를 연행하였다. 연행되어 간 곳은 부산진파출소 옆 민가였다.

　그곳에 이르니 많은 학생이 연행돼 와 있었다. 우리들을 지도해준 주경애 선생은 초량에 피신해 있다가 많은 학생이 체포되었다는 소식을 듣고 익일인 12일 하오 1시에 학생들이 연금돼 있는 파출소로 자진하여 나타났다. 학생들을 본 주경애 선생은 몹시 가슴 아픈 비통한 표정이었다.

　…

[국제신보, 1973년 3월 2일]

46. 일신여학교 동창생 15인

　6월 27일 공의회를 마치고 다시 무더위 속의 일터로 돌아가기는 쉽지 않았다. 한국인 교사를 포함한 우리 '외국인' 교사는 어서 방학하여 9월 1일까지 쉴 생각뿐이었다. 이번에 부산진일신여학교에는 특별한 방학식은 없었고, 시험과 결과 발표 그리고 잡다한 당부만 있었다. 누구도 아직 감옥에 있는 교사와 학생들을 잊지는 않았다. 매일 수업 후에 교사 중의 한 명이 그들을 위하여 기도회를 인도하였고, 학생들이 조용히 참여하였다.

방학 후에 학교 동창회가 있었다. 이 모임은 상급반 4학년 공부하고 '졸업한' 학생들의 모임이다. 하급반 4학년을 마치고 그 이상 공부한 학생들이 많지 않은바 이 동창생 모임의 수는 많지 않다. 15명 중에서 8명이 참석하였다. 이들을 보는 것은 현대 한국 여성들을 모습과 그들이 회의를 어떻게 진행하는지 관찰하는 것과 같다.

회장은 양귀념으로 마산포여학교의 선임 교사였고, 최근에는 일본 요코하마에 있는 전도부인훈련원을 다녀왔다. 그녀는 첫 졸업생 중의 한 명이며, 다른 학생은 문순검으로 시골에서 학생을 가르치며 가족을 돌보고 있다. 박덕술은 진주여학교에서 왔고, 방달순은 자신의 작은 아들과 함께 대구에서 왔다.

다른 4명 중에 두 명은 결혼하였는바 한 명은 동래 김 장로의 양자와 다른 한 명은 지금 나라를 위하여 감옥에 있는 통영의 남성과 결혼하였다. 나머지 두 명 중에 김금오가 있는데 작년 말까지 우리 학교에서 가르치고 경상도 북쪽에 있는 모친과 함께 있다. 마지막 여학생은 불신자 가정에서 왔는데 1918년 봄에 학교 공부를 다 마치었다.

교육을 받은 다른 한국인들과 같이 이 여학생들도 사회에 봉사하는 일에 기쁨을 가지고 있다. 이들은 전에 하루 반을 토론하여 모임의 규정을 만들어 인쇄하였는데 이번에 많은 부분 수정 작업을 하였다. 호주에서도 보기 어려운 모습인데 한국의 여성들에게는 더욱 그러하다.

두 번째 날에 졸업생들은 멘지스, 호킹, 매카그 그리고 나를 기숙사의 점심 식사에 초청하였다. 음식으로 큰 그릇에 담긴 당면 국이 나왔다. 후식은 맛있는 수박과 과일이었다. 모두에게 즐거운 식사 시간이었다. 이들을 보노라면 여러 가지 이유로 함께 하지 못한 다른 졸업생들도 생각난다. 한 명은 남편과 함께 멀리 하와이에 있고, 미우라학원 출신 최명애는 서울 세브란스병원에서 간호사 훈련을 받고 있고,

다른 한 명은 안타깝게도 진주에서 두 번째 아내로 사는 것 같으며, 네 명은 정치 선동에 참여했다는 이유로 부산감옥소에 있다. 마지막 특별히 총명하고 밝았던 학생은 경찰로부터 피신해 있는바 잡혀서 자백하게 되면 다른 이들까지 위험에 처할 수 있다.

이들은 우리의 손을 통하여 교육받은 학생들이다. 이들에게 부족한 점이 있어도 어찌 이들을 사랑하고 자랑스러워하지 않을 수 없으랴. 한국 미션 스쿨의 발전이 늦고 열매도 없어 보이는 것 같지만, 감동적인 것은 하나님이 이들을 가정에서 그리고 같은 민족 여성들을 가르치는 쓸모있는 인생으로 인도하시고 있다는 사실이다.

일본, 8월 11일.

['더 크로니클', 1919년 10월 1일, 3]

47. 동래읍 부인전도회

이 편지를 읽는 사람들은 모두 빅토리아의 여선교연합회가 어떻게 운영되는지 안다. 그러나 한국의 여전도 연합회는 어떻게 운영되는지 상상해 본 적이 있는가? 최근에 나는 이곳의 여전도회에 참석하였는데 여러분이 비교해 볼 수 있다.

동래읍의 여전도회는 한 달에 한 번 토요일 오후에 모인다. 나는 보통 참여하지 않는데 전적으로 한국 여성들이 운영한다. 이번에 특별히 우리 학교 교사 박덕술과 나에게 강의를 요청하였다. 점심 식사 후에 나는 자전거를 타고 그곳 교회에 약속한 대로 2시 30분에 도착하였다. 시계가 흔치 않은 나라에서 정확한 시간을 기대하기는 어렵지만, 회원들이 모일 때까지 우리는 기다렸다. 3시 15분이 되자 마침내 '자매들'이 모두 모이기 시작하였다. 비록 기대한 것보다 적은 수가 모였지만 부산진에서도 온 여성들이 있어 친근하게 이야기를 나누었다.

동래읍교회 여전도회 회장은 한국인 목사 아내인 함 부인이었다. 그녀는 프로그램을 대충 만들어 왔는데 한두 가지 더하여 서기가 칠판에 걸었다. 모든 것이 회무 처리처럼 진행되었다. 출석을 부르고 회의록을 낭독하고 승인을 받는 형식으로 말이다. 서기가 우리 학교 출신 정인순인 것을 언급하고 싶다. 그녀는 이제 두 딸의 엄마이고, 여전도 연합회 회장의 며느리이다. 그 회장이 강한 여성 한세이다. 두세 명의 안 믿는 여성들도 있었다.

나는 '개인의 책임 의식'에 관하여 강의하였고, 박 교사는 '탕자의 이야기'를 하면서 그 비신자들에게 효과적으로 어필하였다. 한 부자 노인이 열심히 경청하더니 모임 후에 우리를 자신의 집으로 초청하였다. 안건 중의 하나로 전도보고의 순서가 있었다. 나는 이 부분에 제일 관심이 갔다. 한 여성은 몇 사람에게 전도하였다고 하며 그중 2~3명이 현재 교회에 나오고 있다고 보고하였다. "나는 기회가 있는 대로 여러 지역을 다녔고, 전도하였습니다." "집안일이 많아 전도할 시간을 주지 않습니다." "나는 우물에 오는 이웃들에게 틈만 나면 그리스도를 전합니다."

여선교연합회의 지원을 받는 전도부인이 그때 일어났다. 그녀는 수 마일 떨어진 수영에 사는데 이번 모임에 참여하였다. "네. 저의 일은 항상 전도하는 것입니다. 최근 격려되는 소식이 있습니다. 많은 사람을 교회로 인도하였다고는 말 못 하지만 교회 나오기 시작한 사람들은 진실하게 다니고 있습니다. 또한, 40명의 어린이가 매일 나에게 와 열심히 배우고 있습니다." 전도 보고를 모두 마치자 다음 모임에 관한 제안이 있었다. 그리고 찬송과 기도로 회의가 모두 마치었다.

한세와 나는 그 후 그 부자 노인의 집을 방문하였다. 그러나 그날 그녀는 출타하고 없었다. 우리는 그 대신 교회 생활에 관심을 가진 며느리와 좋은 대화를 나누었다.

부산진, 11월 18일.
('더 크로니클', 1920년 2월 2일, 3-4)

48. 200명이 등록하다

3월은 시골 성경반을 개최하기에 좋은 달이다. 올해는 성경반 요청이 많아 공부 기간을 조금씩 줄여가며 한 곳에서 다른 곳으로 직접 가기도 한다. 호킹과 그녀의 전도부인이 주로 다니고 있다. 3월 22일 봄 방학이 있었다. 상급반 두 명의 여학생이 수료증을 받았지만, 여름까지 계속 공부한다는 조건이었다. 이들이 첫 번째 학기를 놓쳤기 때문이다.

4월 1일 학교가 다시 열렸다. 이번에 새 커리큘럼을 시작하였다. 작년에 165명이 등록하는 기록을 세웠는데 올해 200명 선에서 등록을 마감해야 하였다. 문제는 기숙사 자리가 없고 교사도 부족한 것이

부산진교회 청년찬양단 Busanjin Youth Choir, 1920(Photo: Busanjin Church)

다. 예비반에 이 숫자의 반 정도 학생을 들였는데 한 명의 교사가 이
들을 모두 지도해야 하였다. 이 많은 아이를 지도해야 하는 것은 경험
상 매우 힘든 일이다. 여성성경학원의 강의 요청으로 인하여 나는 우
리 학교의 일을 조금 줄였는데 이것은 교사들에게 짐으로 돌아간다.

　이달 흥미로웠던 일은 서양식 결혼식이었다. 신부는 우리 학교 교
사 중 한 명으로 김경순이고, 신랑은 초량교회 출석하며 부산에서 사
업을 하는 남성이었다. 아름다운 신부의 옷과 맞추어 호킹과 또 다른
교사 김한순 그리고 키가 큰 신랑과 들러리 모두 제대로 갖춰 옷을 입
었다. 기념사진 촬영 후 손님들은 차를 타고 초량으로 갔다. 그곳 신랑
의 집에서 잔치를 연 것이다. 서양과 동양의 음식이 모두 준비되어 있
었다.

부산진과 동래교회에 아직 한국인 목사가 없다. 그런데도 교회는 새 생명의 조짐이 있는바 특히 부산진교회가 더 그렇다. 지난 3월 평양신학교 학생들이 방문하여 전도대회를 열었는데 그때부터 수 명의 청년이 교회에 나오고 있다. 그동안 청년이 적어 고심하였는바 이들이 계속 다니기를 기도한다.

라이트가 자신의 집에서 영어성경반을 진행하고 있고, 우리는 최근 노래반을 시작하였다. 23명 정도의 청년이 참석하고 있는데 호킹의 인도에 따라 열정적으로 노래를 계속 부른다. 지난주일 저녁 청년을 위한 특별예배가 있었다. 이때 노래반 학생들이 찬양하였다. '주님께서 죄인을 용서하신다'라는 곡을 4부 화음으로 불렀다.

이달 17일 여성성경반이 시작되었다. 올해 20명이 등록하였고, 몇 명은 등록 없이 몇 부분의 수업에 참여하였다. 맥피가 담당자이고, 그녀와 호킹 그리고 세 명의 전도부인이 대부분 가르쳤다. 멘지스, 맥켄지 부인 그리고 나는 한두 과목씩만 맡았다. 모든 여성이 열심이었고 지적이었다. 이들을 가르치는 것은 매우 즐겁고 가치 있는 일이다.

캠벨 양이 한국에 도착하였다. 부산진은 제일 마지막에 방문하므로 그녀를 보는 기쁨을 좀 더 기다려야 한다. 그녀가 이곳에 있다는 사실이 반갑고 그녀의 이번 방문은 우리 모두에게 큰 힘이 될 줄 믿는다.

부산진, 4월 24일.
('더 크로니클', 1920년 7월 1일, 3)

49. 청년 전도단의 활동

　6월 공의회 후 우리는 급히 돌아와 학교 시험을 주관하였고 휴가를 위한 짐을 꾸렸다. 그리고 새 한국에서 으레 하는 송별회가 있었다. 멘지스와 호킹과 나는 부산진교회의 청년성가대 초청으로 오후 다과회를 하였고, 기차역 호텔의 서양식 저녁 식사에도 초대되었다. 최근 결혼한 우리 두 명의 여교사들 남편이 초청한 것이다. 식사 후에는 우리를 위하여 차를 준비하여 집까지 태워다 주었다. 금이는 차를 타며 우리 집이 더 멀었으면 좋겠다고 하였다. 며칠 후에 우리는 부산항에서 친구들에게 이별을 고하며 휴가길에 올랐다….

　나와 몇 명이 원산에서 휴가를 보내는 동안 멘지스는 부산진에 남아 오가는 손님을 맞았다. 캠벨 양이 부산진에 며칠 머물렀다는데 그녀를 못 만나 아쉬웠다. 페이튼, 길레스피, 커닝햄 부부도 그때 부산항에 도착하였다. 8월 중순 내가 휴가를 마치고 집으로 돌아왔을 때 커닝햄 부부는 진주로 돌아갔고, 페이튼은 통영에서 마산으로 가는 중이었다. 알렉산더가 통영에서 부산진선교부로 다시 돌아왔다. 그녀가 돌아와 우리는 기쁘다.

　올해 여름에는 한국 젊은 기독교인들의 전도 활동이 많았다. 휴가 기간에 여러 학교에서 학생 전도단이 조직되어 전국을 다녔다. 봄에 평양신학교 전도단의 방문 이후 청년들이 교회에 나오기 시작하였다. 우리 여학교 교사 한 명도 전도단에 가입하여 경상북도 지역을 다녔다. 그들의 활동은 성공적이었고, 특히 한 마을에서 교사 한 명을 보내 달라는 요청에 그녀는 우리 학교를 사직하고 그곳으로 갔다. 그녀는 우리 학교에서 한 학기 가르쳤는데, 젊고 감정에 따라 움직이는 편이다.

김금오는 우리 학교 출신으로 이곳에서 몇 년간 가르치다 시골 학교에서 일하고 있다. 그런데 그녀가 그곳을 사직하였고, 우리에게 다시 돌아올 수 있다 하였다. 또한, 마산여학교를 졸업한 학생이 다른 빈자리도 채울 수 있었다. 그렇게 사직한 교사들의 자리는 다 채워졌고, 새 학기를 희망차게 시작하고 있다.

페이튼의 선교부 방문이 모두 마쳤다. 그는 우리와 대화하며 우리의 필요와 장래의 계획을 함께 나누었고, 한국인을 만났고, 항구에 있는 교회들을 방문하였고, 학교와 나병원도 방문하였다. 그의 방문 자체가 우리 선교사들에게는 큰 격려가 될 뿐 아니라, 그가 만난 한국인들도 그의 동정적인 관심에 격려를 받았다. 그를 통하여 우리에게 보내준 따뜻한 안부도 감사하다.

부산진, 9월 13일.
('더 크로니클', 1920년 12월 1일, 3)

50. 김순이의 죽음

12월은 미션 스쿨에게 시험의 달이고 성탄절을 준비하는 달이다. 부산진교회 장로이자 목수의 딸인 김순이가 1917년 우리 학교를 졸

동래여자야학교 22회 졸업생과 최상림 목사 Dongrae Girl's Night school, 1930.

업하고 통영의 여학교에서 얼마간 가르쳤다. 그러다 1919년 3월 그녀와 같은 학교에서 가르치던 문복숙이 '우편엽서'를 사러 나갔다가 정치 시위에 참여하였고, 경찰에 체포되어 부산 감옥으로 보내졌다.

순이의 병을 전부 감옥 생활 때문으로만 돌릴 수 없지만, 그곳에 6개월 있는 동안 그녀의 건강이 매우 나빠졌다. 심장에 문제가 있었는데 후에도 완쾌되지는 못하였다. 작년 봄에는 좀 나아진 듯하여 통영의 청년과 결혼하였다. 그 결혼식에 캠벨이 참석하였다. 신랑은 공부를 다 마치지 못하였기에 이곳에서 그렇듯이 그녀를 자신의 부모에게 남기었다. 그러나 그녀는 다시 아프기 시작하여 친정으로 돌아왔다. 그리고 나중에 마비성 뇌졸중으로 자리에 영구적으로 눕게 되었다. 그녀의 모친이 그녀를 간호하였고, 남편도 시간이 되는대로 그녀를 돌보았다. 그녀는 가게 뒤의 작은 방에 매일 누워있었고, 그 모습은 매우 안타까웠다.

순이는 매우 인내심이 강하였고 밖으로 나갈 수 있는 날만 조용히 기다렸다. 그녀는 모친에게 성탄절에 교회에 갈 수 있을지 물었다. 그러나 그 대신 그녀는 '많은 집'이 있는 하늘나라로 갔다. 우리는 그녀의 모친과 남편을 위하여 애통하였지만, 그녀가 많은 날의 고통을 피할 수 있어 기뻐하였다. 장례식 때 학교의 여학생들이 두 개의 긴 삼베 천을 준비하였고, 묘 앞으로 조심히 나가서 부드럽게 찬송가를 불렀다. 이방인들이 가슴을 치며 통곡하는 모습과는 대조적이었다.

한국의 '요즘 청년들' 특히 그들의 교회 생활 특징 중 하나가 음악이다. 우리 부산진의 남자 청년성가대가 조직된 지 거의 일 년이 되어간다. 그들의 찬양이 매달 발전하고 있다. 11월에는 평양의 김 선생이 와 가르쳐 첫 연주회를 하였고, 청년 남녀성가대가 조직되었다.

12월에는 동래에서 연주회를 초청하였다. 여자 야학교 시설을 구매하기 위한 모금연주회였다. 우리는 전과 같은 연주회 곡목에 성탄에 불렀던 곳을 추가하여 연주회를 하였다. 우리의 성가대가 아직 전문적인 수준이 아님을 기억해 달라. 밴드부의 코넷, 피콜로, 클라리넷, 트롬본, 큰 북과 작은 북의 공연은 귀를 뚫을 정도였다고만 표현하겠다! 성가부의 노래는 각 부분대로 잘 되었다.

밴드부의 어려움 중 하나는 빚이 많다는 것이다. 악기 구매를 돕겠다는 후원자들이 돈을 내지 않고 있다. 후원 약정은 하지만 실천을 하지 않는 사람들로 인하여 다른 활동에도 제약이 많다. 성가부의 서기는 매우 활동적이다. 그는 격월 신문 '음악의 친구들'도 발행하여 회원들에게 배부한다. 그는 찬송가와 노래 악보도 돌리고, 여러 가지 설문 조사도 한다. 최근에는 좋은 색과 옷감의 성가 복도 준비하였다! 이 성가대의 주요 목표는 하나님 나라의 확장이다. 그 목표로 교회의 젊은 남녀를 교회로 전도하고, 찬양 예배도 잘 돕는다. 우리 선교사들도 격려를 받고 있으며, 우리가 크게 시간을 쏟지 않아도 자체적으로 잘한다.

부산진, 2월 7일.

('더 크로니클', 1921년 4월 1일, 3-4)

___
51. 60점을 받은 송 부인

마가렛 데이비스 목걸이 Gift from Busanjin Ilsin, 1921.

지난주 두 달간의 여성성경학원이 마치었다. 올해 32명이 등록하였고, 그중 27명이 끝까지 참석하여 시험을 보았다. 통영의 스키너가 책임을 맡았고, 멘지스, 알렉산더, 레잉 그리고 내가 가르쳤다. 지역 한국인 목사도 5반에서 한 과목을 가르쳤다. 양 전도부인은 두세 과목을 가르쳤고, 기숙사의 사감 역할도 하였다. 장금이도 누가복음 첫 부분을 가르쳤다.

여성들이 두 달씩이나 집과 아이들을 떠나 있기는 어렵다. 우리는 시험적으로 진주에서 온 두 명의 여성에게 가장 어린아이를 한 명씩 데려올 수 있도록 허락하고, 방을 따로 주었다. 그런데 성공적이지 못하였다. 아이 한 명이 홍역에 걸려 어려움이 있었다. 다른 엄마와 아이가 기숙사로 이동해야 하였는데 그녀에게 공부하며 아이 보기가 쉽지 않았다. 그러나 총명한 여성으로 그녀는 공부를 다 마치었고, 2반에서 우등을 하였다. 훌륭하게도 평균 91점을 받았다.

반에는 젊은 사람과 나이 든 사람이 섞여 있다. 1반을 가르친 교사들은 그 두 세대의 학생을 모두 만족시키기 어렵다고 한다. 성경을 읽을 수 있는 여성과 자신의 이름을 불러도 모르는 할머니가 한 반에서 공부한다고 생각해보라. 그 할머니는 정식 학생은 아니었고, 참석만 하는 분이었다.

5반의 어려움은 학교 한문 교사 부인 송 씨이다. 그녀는 60세인데, 똑똑하지는 않지만 계속 시험에 통과하여 이제 졸업반이 되었다. 반에서 무슨 질문을 하면 그녀의 대답은 이렇다. "어제는 알았는데 오늘은 잊어버렸습니다." 때로 좋은 대답을 하기도 하지만 보통 앞서 언급한 할머니 수준이다. 이번 졸업 시험에 그녀는 합격할 수 있을까? 그렇지 못하다면 실망스럽겠지만, 스키너 반에서는 48점을 내 반에서는 50점을 받았다. 그런데 그녀는 김 목사의 에베소서 반에서 85점을 받았다. 그녀는 다른 졸업생 4명과 함께 자랑스럽게 나와 수료증을 받았다.

졸업생들은 큰 박수를 받으면서 상품을 받았다. 진주의 강 부인은 최우수상으로 공부할 수 있는 작은 탁자를 받았다. 송 부인도 고향에서 보내온 선물을 많이 받았다. 그녀의 일생 중 아마 가장 자랑스러운 순간이었을 것이다. 우리도 그녀가 60점을 받아 자랑스럽다.

부산진, 6월 18일.

['더 크로니클', 1921년 9월 1일, 3]

---

52. 여학생들의 수업 거부

지난 몇 달 동안처럼 편지쓰기가 어려웠던 때가 없다. '더 크로니클'에 편지 안 쓰는 것에는 변명의 여지가 없다는 것을 나는 안다. 그러나 친구들이 나를 용서해 줄 것으로 믿는다. 우리 학교에 문제가 있다는 것을 여러분은 들었을 것이다. 바쁘고 혼란스럽고 슬픈 시기이다.

성탄절 기간에 우리의 작은 짐 맥켄지를 잃어 우리는 슬프다. 그리고 고향의 롤란드 여사가 별세하였다는 소식도 곧 전하여졌다. 얼마 전까지만 해도 우리는 그녀의 밝고 격려되는 편지를 받았었다. 그러나 그녀는 자신이 아프거나 수술 받는다는 언급은 일절 없었다. 우리에게 큰 손실이다. 그녀는 총무 이전에 친절하고 진실한 친구이자 조언자였다.

다시 이곳에 봄이 돌아왔다. 작은 소녀들이 바구니와 칼을 들고 쑥을 캔다. 쑥은 한국인 허브로 채소이다. 캐시와 루시도 아이들과 함께 쑥을 캔다. 얼마 전까지만 해도 이들은 열심히 돌차기를 하며 놀았다.

또 한 번의 학기와 학년이 마치었다. 이달 21일 방학이 있었다. 이번에는 '졸업생'이 없었다. 가장 높은 반 학생들이 10월 말 '휴업'을 하였다. 주동자들은 모두 한 달, 두 달, 혹은 석 달씩 정학 처분을 받았다. 석 달 받은 학생은 반의 반장이다. 이것은 거의 한 학기를 빠지는 것인바 학년 말에 수업일수를 다 채우지 못한다. 그러므로 상급반 4학년에는 '졸업생'이 없으며, 모범상도 없다. 이것으로 학생들이 '휴업'하는 것은 심각한 일이고 학교 발전에도 저해된다는 사실을 깨달았으면 좋겠다.

새 학기도 쉽지 않을 것이기는 마찬가지겠지만 지난 학기보다는 나을 것이라는 희망이 있다. 새 교실이 생긴다는 것만 해도 말이다. 휴가에서 돌아온 후 많은 학생으로 점점 비좁아지는 학교에서 2~3분 거리에 있는 클럽하우스로 그리고 겨울에는 성경학원 건물로 옮겨야 하였다. 세 개의 건물을 오가며 교사들은 가르쳐야 하였고, 학생 지도에도 어려움이 있었다.

4월 말 완공되는 새 교실은 일 마일 떨어져 있으나 상급반 네 개반을 모두 그곳에 모을 수 있으며, 교사들도 옮기지 않고 가르칠 수 있다. 최소한 오전과 오후만 옮겨 다니면 된다. 5월 5일 한국인 목사가 특별 집회를 인도하기 위하여 학교에 온다. 학생들의 마음과 생활에 큰 변화가 찾아오기를 기도한다. 집회를 통하여 교사와 학생들에게 큰 결과가 있기를 기도해 달라. 요즘 학생들은 다른 장학금도 기대할 수 있기에 기독교적인 성격은 등한시한다. 일본에서 일이 년 공부하는 것이 자신들의 목표를 성취하는 가장 큰 필요라고 생각한다.

여러분 중에 나에게 양딸이 있다는 말을 들었을 것이다. 그녀가 다음 화요일에 결혼한다. 그녀는 스키너의 양딸처럼 '청각장애인 바보'가 아니다. 그러므로 재봉틀이나 어린 소를 지참금으로 줄 필요가 없다! 예비 신랑은 거창의 은행원이다. 그의 집은 여기에서 7마일 떨어진 수영에 있다. 결혼 후 그는 명세를 그곳에 데려가 이웃에게 소개할 것이다. 그녀는 시어머니와 살지 않아도 되는바 상직이는 셋째 아들로 자신의 집을 꾸릴 수 있다. 수영에서 인사한 후 그는 집을 마련할 때까지 그녀를 이곳에 잠시 머물게 할 것이다. 사진이 잘 나오면 '더 크로니클'에 한 장 보내겠다.

부산진, 3월 29일.
('더 크로니클', 1923년 6월 1일, 3)

53. 일신여학교 26주년

지난번 우리 선교부에서 호킹이 아름다운 해인사에서 보낸 휴가에 관하여 썼다. 그 이후 우리는 해야 할 일에 힘을 다하고 있지만, 결과는 미미한 것 같다. 첫 번째 일은 선교 활동은 아니다. 선교사는 선교관에 사는데 선교관도 수리가 필요할 때가 있다. 우리의 선교관도 오래전부터 수리가 필요하였다. 8월 말 호킹과 나는 두 명의 한국인과 라이트의 도움을 받으며 이 일에 매달렸다…. 호주에서 방문자들이 오기 전까지 마쳐야 한다.

호주방문자들이 그다음 일이었다. 우리는 부산항에 서서 그들을 기다렸는바, 일본에서 오는 큰 증기선 갑판에 서 있는 그들의 모습을 마침내 볼 수 있었다. 이들과 동료 선교사들이 일본의 끔찍한 지진을 피할 수 있어 얼마나 감사한가! '실종'으로 알려졌던 미국인 여선교사도 같은 배에 타고 있었다. 불확실하였던 다른 한국선교사 소식도 다 들을 수 있었다. 여러분도 동경과 요코하마의 소식을 들었을 것이기에 더 쓰지는 않겠다.

우리는 새로 도착한 친구들이 부산진을 빨리 떠나는 것이 싫었다. 그러나 내 동생은 속히 병원으로 가야 하였고, 길레스피 양도 클라크와 진주로 갔고, 9월 말 던은 앤더슨 부부와 언어 공부를 위하여 서울로 갔다. 우리 부모님은 10월 6일까지 우리와 함께 있다가 더 추워지기 전에 북쪽으로 갔다. 그들은 평양과 서울을 방문하였다.

위더스가 다시 돌아와 특히 학교와 유치원 학생들이 좋아하였다. 그녀는 곧 자기 일인 소학교와 유치원에 몰입하였다. 중등학교에서도 영어 두 반을 가르쳤고, 시골 순회도 나갔다. 돌볼 것이 많은 상황에서 한 곳에만 충분한 시간을 주는 것은 불가능하다. 일은 빠르게 증가하고 있지만, 일꾼은 그렇게 많아질 수 없다. 많은 일이 간과되기도 한다.

10월 15일은 부산진여학교 26주년이다. 정확한 이름은 '일신여학교'이다. 우리는 학생과 학부모 모두를 초청하기 원하였지만, 그들이 한자리에 모일 수 있는 건물은 없다. 교회당도 우리 학교 학생 280명이 다 앉으면 실제로 다 찬다. 그래서 아침에는 학생 모임, 오후에는 부모 모임, 그리고 저녁에는 콘서트를 하였다. 학생들의 바느질 물품, 글, 그림 등의 전시를 보고, 연주를 들을 사람들이 크게 칭찬하였다. 교사들이 수고를 많이 하였다….

특별 공의회 모임은 그 자체로 편지 한 장이 된다. 첫 번째는 하나님의 뜻을 구하는 시간이었다. 우리는 이것을 위하여 기도회를 했다.

마가렛 데이비스 & 교사와 졸업생 Davies & Teachers & Graduates
(Photo: Dongrae Girls High School, 1925)

그 후 우리는 자유롭고 집중적인 토론을 하였고, 그 결과를 해외선교
위원회와 여선교위원회로 보냈다. 곧 여러분에게 전달될 것이다.

　　여학생을 위한 미션 중고등학교 설립이 그 안건이며, 이것은 경상
도의 복음화를 위하여 확실하고 효과적인 공헌이 될 것이다. 이 생각
으로 우리의 마음은 동요되고 있고, 여러분의 마음도 그럴 것으로 믿
는다. 학교 건물을 위하여 여러분이 관대하게 후원하였다는 말을 들
어 기쁘다. 여기에서도 큰 호응이 있기를 바란다. 여러분은 여러분 자
리에서 우리는 우리의 자리에서 하나님 도시의 건물을 짓는 위대한
일에 함께 참여하는 큰 기회와 특권이다. "선을 행하되 낙심하지 말찌
니 때가 이르매 거두리라."

부산진, 11월 24일.

['더 크로니클', 1924년, 2월 1일, 4-5]

54. 부산진 중등 여학교

　　오늘 아침에 나는 우리의 여자 중등학교로 여러분을 안내하고자 한다. 이곳에서 1마일 떨어져 있으므로 맥켄지의 사택에서 지금 떠나야 한다. 우리 부모님과 나는 현재 이곳에 있다. 아침 8시 20분이니 지금 떠나면 교직원 경건회에 참석할 수 있다. 중간에 머뭇거려서도 안 된다. 아래로 잠깐 내려갔다가 기숙사와 여선교사관으로 올라가야 한다. 유치원 아이들이 벌써 기숙사에 모였다. 원래는 여성성경학원에 모이는데 현재 공부가 진행되고 있어 기숙사도 좁지만 다른 방법이 없다. 우리가 지나가자 아이들이 인사한다. 어떤 아이들은 머리가 땅에 닿을 정도로 고개를 숙인다.

　　여선교사관에서 우리는 호킹, 스코트 그리고 레잉을 볼 수 있을지도 모른다. 성경반에 아직 안 내려갔을 것이다. 여선교사관 뒤쪽에 소학교가 있다. 위더스도 7명의 교사와 경건회가 있기에 그곳의 계단으로 바삐 내려가고 있을 것이다. 소학교 학생들이 아마 우리를 보고 달려올 것이다. 우리는 계단과 운동장을 지나 큰길로 가야 한다.

　　나의 자전거는 앤더슨의 집에 있다. 언덕이 너무 가팔라 사용할 수 없고, 오늘 아침은 걸어서 가기에 험한 길은 피해 아래로 내려가 큰길로 가능한 한 빠르게 가야 한다. 가는 길에 몇 학생과 손을 잡고 오는 유치원생의 인사도 받았다. 한국인과 일본인의 가게를 지나고 경찰서를 지나 옛 부산진정거장이 있던 맞은 편에서 왼쪽으로 간다. 거기에서 우리는 새 건물이 들어서는 것을 볼 수 있는 데 타올 공장이라고 한다. 한 할머니가 고구마를 팔고 있는 모퉁이 골목을 지나 집과

절을 지나 걷는다.

그곳에는 여성들이 빨래하고 옷을 널어놓는 시냇가가 나온다. 우리가 시간이 있었다면 학교 바로 아래 있는 미감아 어린이들을 둘러보았을 것이다. 몇 아이들이 그곳 마당 앞에서 맡은 일하는 모습이 보였다. 그 아이들이 우리를 보자 인사하였다.

여학생들이 테니스 채를 가지고 공을 주고받는 모습이 보이기 시작하였다. 테니스를 정식으로 배울 수 없는 이유는 코트를 만들기에 비용이 너무 많이 들고, 곧 이사해야 하기 때문이다.

이 학교 건물은 아름답지 않다. 페인트칠도 안 된 나무 벽과 양철지붕으로 되었다. 그러나 지금의 상황에서는 어쩔 수 없고 곧 더 나은 학교 건물을 가지기를 희망한다. 사무실에 세 명의 한국인 남교사와 한 명의 일본인 여교사가 있을 것이다. 두 명의 한국인 여교사는 바느질을 가르치려 소학교에서 왔고, 김 박사의 아내는 생리학을 가르치는데 교재가 거의 전부 일본어로 되어있어 충분한 자격은 없다.

교사들과 기도를 마치면 종이 울리고, 학생들은 모두 한 방에 모

동래일신 기숙사 김장의 날 School girls of Dongnai dormitory making Kimchi(Photo: 'The Chronicle, 1928)

인다. 60명가량 되는데 소학교의 200명과 비교하면 적은 숫자이다. 그러나 3~4년 전에 비하면 두 배이다. 예전에 소학교에는 4학년까지 있었지만, 지금은 6학년까지 있다. 그리고 중등학교에 입학하려면 어려운 시험을 보아야 한다.

교사 한 명이 짧은 기도를 인도하였다. 만약 월요일이나 목요일이라면 교사나 손님이 연설한다. 그다음에 학생들은 교실로 가 수업을 시작하는바, 네 개의 반이 교실을 각각 가지고 있다. 이 씨가 산수, 수학, 기하학을, 윤 씨가 지리, 물리, 화학을, 지 씨가 성경과 역사를, 후쿠야마 양이 일본어와 그림을 그리고 내가 성경, 영어, 음악을 가르친다. 위더스도 조금 늦게 와 한두 반에서 영어를 가르칠 것이다. 학생들에게 인기가 높은 오르간 연주 과목도 있다.

학교에서 아침 시간을 보내고 집에 가 점심을 먹는다. 그리고 오후에 다시 학교로 와 오르간 수업을 한다. 오르간 수업은 때로 학교에서 때로 우리 집에서 한다. 이때 학생회나 교사회 모임도 참석한다.

우리의 YWCA 지부는 여학생들이 스스로 운영한다. 이들의 기도 모임은 일주일에 세 번 점심시간이나 방과 후에 모인다. 지난달 8명의 회원으로 시작하였는데 지금은 15명이다. 회장은 돌아가며 하고 찬송과 기도로 시작하여 출석을 부른다. 대답은 성경 구절 하나를 외우는 것으로 한다. 회장이 짧게 성경 말씀을 나눈 후 회원들이 기도를 인도한다.

나는 나의 모친과 함께 지난 월요일 모임에 참석하였다. 학생들은 경건하였고, 안 믿는 자신의 부모를 위하여 기도하는 모습이 진실하였다. 우리가 함께하여 이들은 긴장하였다. 그런데도 우리의 참여를 반가워하였다. 우리는 지난 학기 공부를 마친 5명의 학생을 그리워한다. 두 명은 더 공부하기 위하여 북경에 갔고, 두 명은 우리의 유치원을 돕고 있고, 나머지 한 명은 부산의 예비 소학교에서 가르치고 있다.

---

55. 생일 선교사 기금

우리의 활동에 관한 여러분의 계속된 관심과 지원 그리고 특히 기도에 감사한다. 하나님이 빅토리아여선교연합회를 어떻게 사용하셨는지를 생각하면 참으로 놀랍다. 우리는 우리가 사랑하는 회장 하퍼 여사를 잃었지만, 그녀의 큰 관심 중의 하나가 '생일 선교 기금'이었다. 이 기금의 발전에 대한 그녀의 지혜로운 리더십을 생각하면 우리는 깊이 감사하지 않을 수 없다.

생일 기금을 위하여 여러분이 노력을 많이 하고 있다는 것을 나는 알며 모금이 잘되고 있는 것에 기뻐한다. 이곳의 선교사나 한국인도 그곳에서 진행되는 소식을 기다리고 있다. 호주에 있는 여러분에게 힘을 주어 우리의 학교가 곧 완공되도록 우리 학생들은 아침마다 기도한다.

동래에 훌륭한 부지를 확보할 수 있게 되어 크게 기쁘다. 이제 땅을 평평하게 하였고, 기초가 놓였다! 시공사는 서울의 복음건축회사라는 곳이다. 중국회사이며 이름에서 알 수 있듯이 기독교 회사이다. 수익 일부를 기독교 활동에 직접 쓴다고 한다. 좋은 회사에 맡기게 되어 매우 기쁘다. 학교 건축이 신속히 진행되어 봄에는 중등학교가 이

전할 수 있기를 바란다.

현재 가을 학기로 우리 모두 바쁘다. 여름에는 큰 에너지로 일을 하기가 어려워 모든 것이 느려졌다. 그러나 가을에 우리는 다시 살아나 우리의 일을 정말 즐기고 있다. 지난달 알렉산더를 다시 부산진으로 환영하여 기쁘다. 그녀는 이미 새로 온 견습 전도부인과 함께 순회를 다니고 있다. 호킹은 지난주 양산을 방문하였다가 주말은 동래에서 보냈다. 그녀는 동래에서 좀 더 활동하기를 원한다.

위더스와 나는 우리의 학교 일에 매진하고 있다. 주일에 위더스는 부산진의 확장 주일학교를 돌보고, 나는 자전거로 매주 수영에 갈 계획을 하고 있다. 이곳은 한동안 여전도회가 전도부인 한 명을 지원하였던 곳이다. 그곳 모임은 현재 약하지만, 기회는 큰 곳이다.

어제 나는 수영을 첫 방문 하였다. 다음 주부터 어린이를 위한 주일학교를 시작하기로 하였다. 한국인 조사와 나는 그곳의 몇 가정을 방문하였다. 한 머리가 허연 남성이 자신의 방 앞 마루에서 짚신을 만들며 말하였다. "예. 교회 종소리를 들었습니다. 그러나 갈 수 없어 슬펐어요. 나는 혼자 걸을 수 없는데 아무도 나를 데리고 가지 않습니다." 그는 아침에 그리고 식사 전에 매번 기도한다고 하였다. 그는 복음을 그의 손녀에게 들었다고 하고, 그녀는 전도부인이 수영에서 야간반을 가르칠 때 다녔다고 한다. 다음 주에 그녀와 다른 여성들을 찾아보기로 하였다.

이곳을 위하여 기도해 주지 않겠는가? 이곳은 초기에 가톨릭이 박해를 받은 곳이다. 이곳 사람들 특히 여성들은 매우 보수적이다. 수개월 동안 나는 이곳 사람들을 돕기 원하였고, 마침내 기회가 왔다.

부산진, 10월 6일.

['더 크로니클', 1924년 12월 1일, 3]

동래일신 호주여자전도부 머릿돌, Headstone of PWMU at Dongrae Ilsin, 1924.

56. 일신여학교 락성식

    부산진일신여학교가 이전한다 함은 투보한바이니와 신축공사 교사가 지난달 하순경에 준공되어 지난 이십일 오후 두 시에 동교 강당에서 락성식을 거행하였는바 교장 마가례 여사의 식사와 학생 일동의 교가와 동교 연혁 보고가 있었고 동래 군수 김한식 씨의 축사와 부산 부윤소서 씨의 축사가 있은 후 왕길 목사의 연설과 학생 일동의 락성가로서 오후 네 시에 폐회하였다.

(동아일보, 1925년 6월 23일, 2)

일신여학교 락성식 Dedication of the New School, 1925(Photo: Dongailbo)

57. 동래로 이전하다

우리의 새 학교가 동래에 설립되었다는 소식을 전하며, 나의 마음은 여러분을 향한 감사함으로 넘친다. 우리는 6월 10일 수요일 이사하였다. 학교의 설비와 기숙사의 가구들을 아홉 개의 우마차에 실어 옮겨왔다. 목요일부터 새 학교에서 우리의 일이 시작되었다.

개교식은 6월 20일 토요일에 있을 것이다. 그러나 지역 관리와 교회 사람들이 우리를 빨리 환영하기 원하였기에 우리는 그들을 우리의 아침 경건회에 초청하였다. 교회의 지도자는 우리를 환영하였고, 우리는 그들의 도움에 감사하였다. 교육부의 관리들은 늦게 와 기도회는 참석 못 하였지만, 학생들이 수업받는 모습, 특히 위더스의 영어반을 흥미롭게 지켜보았다. 이들도 돌로 훌륭하게 지어진 우리의 학교 건물을 칭찬하였다. 이 건물에서 수업하는 것은 고향에서 하는 것 같이 기쁘다고 위더스는 말하였다.

기숙사도 훌륭하다. 아직 다 정리되지 않았지만 우리는 모두 행복하다. 부엌이 아직 완성 안 되고 가마솥이 걸리지 않았으므로 첫 요리 서너 번은 밖에서 해야 하였다. 화장실의 시멘트도 아직 마르지 않았다. 우리의 우물이 아직 준비가 덜 되었기에 물도 다른 곳에서 길어와야 한다. 식사는 아래층에서 임시로 해야 하는데 목수들이 식당을 아직 사용하고 있기 때문이다. 그러나 멋진 새 건물을 생각하면 이러한 불편함은 작은 문제일 뿐이다.

우리의 기숙사 학생들이 4월 동안 부산진 기숙사에서 불편하게 생활하였다. 그곳에서 20명의 중등학생이 새 학교로 이사 왔고, 4명

동래일신여학교 Dongrae Ilsin Girl's School(Photo: 'The Chronicle', 1925)

의 학생이 더 들어왔다. 위층 6개 방을 여학생들이 사용하고, 위더스와 최 교사와 내가 방을 한 개씩 차지하였다. 그러고도 방이 하나 더 비어있다. 일본어 교사 후지가 며칠 안으로 이사할 것이다. 그녀는 위층의 빈방이나 아래층의 방중에 선택하여 쓸 수 있다.

아래층 다섯 개의 방도 필요하면 침실로 사용할 수 있어 52명의 학생이 기숙할 수 있다. 그러고도 교사를 위한 두 개의 방이 남는다. 식당에 더하여 접견실과 방장 사무실도 있다. 다음 학기에 학생이 더 많이 입학할 것이지만, 너무 많으면 안 된다.

우리 자신의 집이 지어질 때까지 나는 기숙사에 머물 것이다. 학생 한 명이 내 방을 관리하고 그녀는 그 대가로 기숙사에서 무료로 살 것이다. 위더스도 이곳에서 시간을 많이 보낼 것이며, 알렉산더는 가을에 많은 시간 시골에 가 있을 것이다. 아래층 방 하나를 거실로 사용하고, 빵 등은 부산진에서 가져올 것이다.

라이트 씨가 우리 학교 건물 건축 과정과 그와 관련된 일을 많이 돌보았다. 시골 순회를 마치고 집에 가 쉬기도 전에 동래에 와 작업 상황을 둘러 보기도 하였다. 이 중요한 일을 위하여 도움을 준 그와 모든 이에게 매우 감사한다.

('더 크로니클', 1925년 8월 1일, 4)

58. 동래일신여학교 개교식

6월 20일 토요일 오후, 동래에서 여자중등학교 개교식이 있었다. 사진에서 보는 것과 같이 학교는 화강암 원석으로 된 2층 건물로 넓고 밝다. 멜버른의 건축가 캠프 씨가 디자인하였고, 시공은 기독교인인 중국인이었다. 비용은 삼만 엔이 들었다. 서쪽 편에 있는 기숙사는 52명의 학생이 생활할 수 있는 규모이고, 벽돌로 – 더 정확하게는 벽돌 합판으로 지어졌다. 건물은 소나무 언덕을 배경으로 한 훌륭한 모습이다.

귀빈들이 시간에 맞추어 도착하였다. 2시 바로 전에 입구 위에 있는 학교 종이 울렸고 학생들이 기숙사에서부터 학교 앞까지 행진하여 아래에 자리를 잡았다. 모두 90명으로 대부분 검은 치마와 하얀 저고리를 입거나 위아래 모두 하얀 옷이었다. 귀빈들은 중앙의 자리에 앉았는바 남성은 오른쪽 여성은 왼쪽에 앉았다. 그리고 인상적인 사람들이 천천히 운동장을 지나 모인 사람들을 마주 보며 건물 바로 앞에 앉았다.

귀빈 중에는 키가 크고 위엄 있는 라이트 씨로 공식적인 학교 '설립자'이며, 오늘 행사의 위원장이다. 엥겔 박사는 박사 가운과 모자를 쓴 멋진 모습이었다. 데이비스와 위더스도 학위 가운을 적절하게 입었다. 두 명의 한국인도 있는데 김만일 목사는 서양식 옷을 입었고, 윤 씨는 한국 옷을 입었는데 그는 누구보다도 학교 대지 확보와 건축을 도운 사람이다.

개교식은 '하나님의 성전' 찬송으로 시작되었다. 윤 씨가 성경 봉독을 하였고, 커닝햄 씨가 기도를 인도하였다. 한국의 선율적인 언어로 학교를 위한 하나님의 축복을 빌었다. 그리고 일본 국가가 노래되었다. 그리고 귀빈 대표 두 명과 학생 대표 두 명이 은으로 된 열쇠로 학교 정문을 열었다. 카메라 뒤에 혼자 서 있던 맥켄지 씨가 이제 그의 특별한 역할을 하였는데 두 장의 훌륭한 기념사진을 남겼다. 공의회의 모든 선교사가 참여하였지만, 엥겔 부인, 매켄지 부인 그리고 앤더슨 부인은 아이들이 아파 참석 못 하였다.

개교식의 두 번째 부분이 시작되었다. 먼저 모든 신발을 문 안의 현관에 두었다. 학교를 깨끗하게 유지하기 위한 좋은 방법이다. 그러나 양말 차림으로만 다니는 것은 서양인에게는 뭔가 위엄을 잃어버렸거나 안전하지 않게 느껴졌다. 현관에는 작년 졸업생들이 선물로 준 큰 거울이 달려있다. 여학교에 꼭 필요한 물건이다. 그리고 강당 벽에는 멋진 시계가 걸려있는데 부산진의 학교 모든 졸업생 이름으로 기부한 것이다.

강당에 방문자들과 학생들이 다시 모였다. 강단 위에 교장인 엥겔 박사와 김만일 목사가 앉았다. 학교가 아직 정부로부터 승인을 받지 못하였기에 도에서 온 정부 대표는 없었다. 한 지역 정부 대표가 참석하였는데 그는 일본어로 긴 연설을 하고 또 한국어로 직접 통역도 하였다. 교장도 연설하였는데 아름다운 문자를 많이 써 지식인이 아닌 사람들은 잘 알아들을 수 없는 내용이었다. 학교 역사를 일본인 남교사가 일본어로, 한국인 남교사가 한국어로 낭독하였다.

엥겔은 65분간 연설하였다. 그의 연설을 즐겁게 감사하게 듣는 모습이었다. 그는 좋은 아내와 모친을 얻으려면 먼저 좋은 딸이 있어야 한다고 하였는데 하얀 도포를 입고 검은 갓을 쓴 나이든 어른들이

데이비스와 동래일신 1회 졸업생 Davies with Dongrae Ilsin Middleschool first Graduates, 1926(Photo: Dongrae Girls High School)

고개를 끄떡였다. 이날 여학생들은 좋은 아내와 엄마가 되는 이야기를 많이 들었다!

축사가 시작되었다. 박성애 목사가 먼저 나섰다. 그의 아내는 우리 학교 첫 졸업생 중의 하나인 순복이로 자랑스러워할 만하다. 동래의 은행가 한 명도 연설하고, 밴드를 맡아 시작과 끝에 큰 연주를 하는 청년 한 명도 연설하였다. 그러나 가장 흥미로우면서도 잘 이해하기 어려웠던 축사는 앞서 언급한 노인 중 한 명이 하였다. 그는 하얀 도포를 입고 한문과 한국어가 섞인 두루마리에 적은 글을 한국식으로 읊으며 읽어 내려갔다. 강한 성격을 가진 김만일 목사의 아내는 참석자 자리에서 일어나 축사하였고, 마지막 축사는 졸업생 중의 한 명이 하였는데 너무 긴장한 나머지 외웠던 것을 한 부분 잊어버리기도 하였다.

마지막으로 송영을 함께 부르며 개교식이 모두 마치었다. 한국에서 송영은 예배, 장례식, 결혼식, 전도회 혹은 개교식에도 사용된다. 밴드의 연주를 들으며 우리는 위층으로 올라갔고, 그곳에는 보리차와 과자 등이 준비되어 있었다. 또한, 참석자 모두에게 학교와 졸업생이 찍힌 사진 두 장을 선물하였다.

이로써 한국 동래의 제인 하퍼 기념학교 개교식이 모두 마치었다.

진 데이비스
('더 크로니클', 1925년 9월 1일, 4-5)

캠프 양이 내가 호주를 떠나기 전 송별 메시지를 보내 달라고 요청하였다. 그 요청에 기쁘게 응답하는 것은 내가 이곳에 있는 동안 친절을 베푼 모든 친구에게 감사할 기회이기 때문이다. 그동안 모임에 참석한 횟수가 스키너의 기록보다는 비록 짧지만, 그동안 도시와 시골의 수백 명 여선교연합회 회원들을 만나 이야기하였다.

즐겁고 영감적인 콘퍼런스, 단체 모임, 그리고 지부 모임 등이 기억에 남을 것이다. 하나님 나라를 위한 그러한 열정적인 사람들의 모임에 속하여 있다는 것에 자부심을 느낀다. 여러분 중에는 관대하게 나를 집으로 초청하였고, 친구로 환영하였다. 따뜻한 마음을 가진 호주인의 명성처럼 스스로의 가치를 여러 방법으로 보여주었다. 여러분 모두에게 진정으로 감사드린다.

노회 연합회에서 우리의 선교가 진보하고 있다는 사실에 나는 매우 감동하였다. 내가 참석한 노회 연합회 대회들은 훌륭하게 조직되어 실행되었고, 그리고 임원회와 특히 총무들은 놀라울 정도로 자기 일에 확실하였다. 지난 휴가 때보다 더 발전한 것을 보았다.

현재 내가 보기에 가장 필요한 것은 지부들 특히 약한 지부들을 조직적으로 방문하는 것이다. 그리고 '더 크로니클'이나 다른 매체를 통해서도 지역의 지부들이 도움을 받을 수 있다. 많은 정보가 공유되고 있으며, 우리의 안과 밖 선교 활동 내용을 알 수 있다. 지부의 서기는 어떤 질문도 노회 연합회 총무나 임원회에 하는 것을 주저하지 말아야 한다. 임원회는 매달 모여 각 부서의 효과적인 사역을 위하여 많은 토론과 기도를 하고 있다.

이번 휴가 시 내가 하였던 일 중의 하나는 장로교 여학교에 관한 일이었다. 나는 모두 10개의 학교를 방문하였는바 그중에 몇 학교는 장로교가 아니었다. 교사와 학생들은 한국의 여학생들에게 관심을 가졌으며, 동래의 제인 하퍼 기념학교의 자조반을 위하여 무언가 돕기 원하였다. 각 학교 교장은 학생들이 스스로 일하며 공부하는 자조반의 목적에 대하여 동정을 보였으며, 도울 수 있는 일은 돕겠다고 하였다. 나는 호주의 학교와 접촉하는 것이 매우 즐거웠으며, 장차 한국의 교육 활동에도 도움이 될 것을 많이 배웠다.

한 가지만 더 말하자면 우리는 우리의 장로교회와 그 위대한 역사에 긍지를 가지고 있다. 교회 안의 여러 단체와 그들의 국내외 복음 전도 활동으로 인하여 기뻐한다. 이 모든 단체와 교회의 활동을 우리가 모두 더 가까이 잘 알기 원한다. 공동의 선을 위하여 한가지 목적으로 하나가 되었다. 우리는 그리스도의 몸이요 지체의 각 부분이다.

다음 편지는 한국에서 쓰겠다. 그때까지 안녕하기 바라며, 다시 한번 감사한다.

['더 크로니클', 1927년 8월 1일, 4)

동래 일신 마가렛 데이비스 & 교사와 졸업생 M Davies, Teachers & Graduates, 1925
(Photo: Ballarat Mission Album)

60. 동래일신여학교 교가

1. 낙동강 나린물에 태백산맥 흘러와 금정고봉 구름밖에 솟은 곳
   그리스도의 광명이 조일같이 비쵀는 우리 모교이름 일신여학교

2. 적취정 맑은송림 옥천에서 솟는물 마시고 뛰노는자 그누군가
   아름다운 이상과 포부 품에 품고서 장래 사회 일할 새 일군이라

3. 동서고금 문화를 씨로 날로 엮어서 무궁화동산을 새로 수놓려
   오고 가는 뉘 동생 해마다 바뀌련만 찾는 이상 무궁한 줄기로다

   (후렴) 진리 횃불 높이 들고 학문 바다 건너서
   　　　사회개선 목적한 우리 동창 학우들
   　　　날로날로 날로날로 나가세

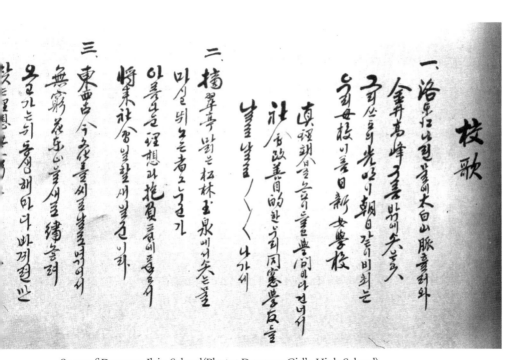

Song of Dongrae Ilsin School(Photo: Dongrae Girl's High School)

61. 한국과 호주: 오늘의 여학생들

오래된 편견

나의 한국 여학생과의 인연은 17년 전부터 시작되었다. 그녀는 새로운 타입의 여성이었다. 그녀의 모친과 누나들은 학교 다닌 적이 전혀 없고, 심지어 여성 교육에 관한 편견이 심할 때였다. 학교 출석하는 여학생은 부모가 기독교인이었고, 아니면 좀 더 깬 비기독교인이었다. 학교에 다니는 여학생들은 자신을 높이 여겼고 중요하게 생각하였다. 부모에게 애걸하여 승낙을 받은 학생이 많았고, 한 학생은 매일 부친 몰래 그러나 모친의 도움으로 학교에 나오기도 하였다. 학생이 결석하여 집에 찾아가면 부모가 막고 있다고 우는 아이들도 있었다.

이들에게 학교는 새 생활이었다. 지식의 많은 길이 열리며, 학생들의 발걸음이 그 열망함으로 바빠졌다. 그러나 부모들은 또다시 그 정도 교육으로 충분하다며 바느질, 빨래, 요리, 그리고 다른 집안일로 딸들을 몰았다.

변화된 태도

1919년 독립운동 이후, 국가의 구호가 '교육하라, 교육하라'였다. 한국인 부모들의 열망이 커졌고, 자신의 아들 그리고 딸도 학교에 보내기 시작하였다. 여학생들은 전보다 더 열심이었고, 더 야망에 찼다. 그런 여학생을 가진 교사들은 동기부여를 받아 더 큰 관심을 가지며

동래일신여학교 정문 Main Gate of Dongrae Ilsin
(Photo: Dongrae Girls High School)

가지게 되었다. 그들을 지식의 길로 인도하며 개인의 인성을 발전시키는 것은 기쁨이다.

　아 그러나 무능력한 교사도 있다. 한국인 학생들이 '집단 휴학'을 하였는데, 아마 일본인 학생들에게 배웠을 것이다. 이것은 그들이 원치 않는 교사를 쫓아내는 한 방법이다. 나의 경험에 의하면 학생들의 집단 휴학은 한가지로 제한된다. 학생들을 면접하고 조정하면 결국 무능력한 교사의 사직으로 끝나게 되었다. 그리고 주동자는 한 학기

정학을 받고, 몇 학생은 며칠 정학을 받게 되었다. 그 상급반은 얼마간 침체를 겪게 된다. 마침내 정학을 받은 학생들이 다 돌아왔고, 그때야 반의 분위기가 다시 활동적으로 돌아왔다. 그리고 더 이상의 문제는 없었다.

대가를 치르다

호주의 대부분 여학생이 당연히 여기는 학교 출석이 한국의 여학생에게는 어려운 일이지만 바로 그것이 교육을 더 가치 있게 만든다. 이들은 교육을 받기 위하여 종종 대가를 치른다. 춥고 어두운 겨울 아침, 대부분 한국 학생은 아침밥도 못 먹고 학교로 향한다. 어떤 여학생은 동래의 등교 시간에 맞추어 오기 위하여 아침 6시 기차를 탄다. 어떤 상급반 학생들은 학비까지 벌어야 하기에 힘든 생활이다. 한 소학교 여학생은 얼마나 열심히 일하였는지 학비와 기숙사비 그리고 생활비까지 벌기도 하였다.

체육 활동의 발전

스포츠는 호주의 학교생활에 큰 부분이지만, 한국에서는 중요한 과목이 아니다. 그러나 지금은 좀 더 나은 설비가 되어있는바 테니스, 농구, 달리기 그리고 다른 운동도 인기이다. 우리 여학생들의 신체적 강인함이 발전되고 있다. 이러한 운동과 학교 간의 시합이 '협동 정신'을 강화하고 있다. 그리고 패배를 인정하는 스포츠의 진정한 정신도 배우고 있다.

호주 여학생과 함께

내가 호주의 여학생과 함께 한 시간은 많지 않다. 그러나 휴가 중 하나의 큰 기쁨은 연합기독여학생 캠프에 참석하는 것이다. 22명의 여학생과 6명의 교사와 일주일 동안 함께 걷고 이야기하고 게임을 하는 캠프이다. 성경공부 중에 여학생들은 한국의 여학생들과 같이 자신의 어려움을 솔직하게 나눈다. 또한, 학생기독운동이 조직한 '스쿨데이'라는 한 콘퍼런스에서 여러 학교에서 온 백여 명의 학생과 20명의 지도자를 만났다. 한시도 심심하지 않은 모임이었다. 이야기, 게임, 성경공부, 노래 등 모두 신나고 즐거웠다. 대회의 표어는 '지도력의 가치'였다. 이곳에 모인 여학생들은 미래의 지도자들인바 예배 참석 시에는 모두 진실하였다.

어떻게 한국 여학생을 도울 수 있을까

이 대회의 한 주제는 빅토리아장로교 여학생들로 한국의 여학생을 어떻게 도울 수 있을까였다. 대부분 우리 한국 학생들은 가난한 집의 딸이며 때로 학비를 낼 수 없는 부모들도 있다. 그래서 동래의 제인 하퍼 기념학교에서 우리가 시작한 것이 자조반이다. 우리가 일을 제공하고 그것을 판매하는 활동이다. 빅토리아 여학생들이 이미 이 일에 관심이 있고, 방문하는 학교마다 우리의 호소에 응답하고 있다. 학생들이 이 일을 계속 기억하도록 교사와 부모들에게 당부한다. 바다 건너 자매에게 도움의 손길을 펼칠 수 있는 것은 특권이 아닌가.

(['더 크로니클', 1927년 8월 1일, 17-18])

62. 호킹, 알렉산더 그리고 위더스의 활동

또다시 얼음처럼 차가운 한국의 겨울이다. 고향의 편지에 담긴 뜨거운 여름 소식은 상상하기 어렵다. 1월 같지 않게 지난주 비가 계속 오더니 이번 주에 다시 추워졌다. 논의 물이 하얀색으로 얼었고, 아이들이 나와 연을 날린다.

우리의 겨울 활동도 한창 진행되고 있다. 38명이 참석한 남성 성경반이 진행 중이다. 이들은 라이트 가족의 이전 사택에서 공부할 수 있게 되어 기뻐한다. 이 집은 일본인 타케모토 씨가 사들였다. 그는 3월 12일부터 5월 15일까지 진행되는 여자성경학원을 위하여도 집을 비워주기로 동의하였다.

호킹이 성경학원 학생들 노래 훈련을 시키고 있다. 작은 일이 아니다. 매 점심때와 오후 방과 후에 연습하러 온다. 그녀의 노력이 헛되지 않아 학생들의 음정이 나아졌고 또 즐겁게 노래를 부른다. 지난 토요일 세 파트로 부른 찬송은 제법 좋았다. 호킹은 또한 일주일동안 자신의 교회에서 성경반을 하는 부산 서항의 박 목사도 돕고 있다. 그곳은 부산의 가장 가난한 동네이며, 대부분 교인은 장시간 일하며 근근하게 살고 있다. 그런데도 오후에 50명의 교인이 모였고, 저녁에는 더 많이 모이고 있다.

알렉산더는 최근 밀양에서 일주일 시간을 보냈다. 한국인 목사의 집에 머물며 매일 그곳 사람들의 집을 방문하였다. 한 목사는 그녀의 방문이 지역 교회에 얼마나 도움이 되었는지 편지로 썼다. 그곳의 전도부인은 병 중에 있는데 다시 힘을 얻으며 나아지고 있다. 알렉산더는 현재 신실한 오 부인과 기장 지역을 방문하고 있다. 그들이 너무 춥지 않았으면 좋겠다.

동래의 공립중등학교에 다니는 남학생들에게 전도할 수 있는 길이 열렸다. 위더스가 그들을 위하여 매 주일 아침 영어 성경을 가르치게 되었다. 이날 참석할 수 없는 학생을 위해서는 수요일 오후 성경반을 진행한다. 영어반이지만 학생들은 온갖 질문을 하고, 정확한 소통을 위하여 한국말도 병행한다.

우리의 세 번째 학기는 슬픔으로 시작되었다. 학교의 반장 학생이 죽은 것이다. 그녀는 성탄절 전에 장티푸스에 걸렸고, 고열로 앓다

동래일신여학생 전차 통학 Students on the tram, late 1920s
(Photo: Dongrae Girl's High School)

가 개학 전에 운명하였다. 불교 가정에서 온 그녀는 죽기 전 하늘나라 가는 것을 확신했으며, 장례식에 스님을 초청하지 말라고 부탁하였다. 그녀의 사망 소식을 들은 날 아침, 두 명의 교사와 그녀의 친구와 내가 그녀의 집으로 갔다. 우리는 그녀를 위하여 기도하고 찬송을 불렀다. 며칠 후에는 학생들이 학교에서 짧지만 아름다운 추모예배를 드렸다. 그녀의 부모가 딸의 졸업장을 간절히 원하여 보냈는데, 그들은 그 졸업장을 딸과 함께 묻었다고 한다.

　겨울임에도 기숙사에는 학생들이 많다. 지난해 집이 가까운 학생들은 따뜻한 온돌이 있는 집으로 갔었다. 그러나 올해는 37명이 있는데 여름보다 5~6명 정도만 적은 숫자이다. 한 달에 한 번 게임의 날이 있다. 모두 열정적으로 참여한다. 우리의 자조반 학생들이 최근 부지런하다. 위더스가 이들을 돌보고 있는데 1월의 수입이 기록적이다. 이들은 시간을 내어 일하며 자신의 학비를 벌고 있는데, 성공적으로 운영되고 있다. 이들이 만든 수예품은 점점 나아지고 있고, 멜버른으로 보내면 받아보고 좋아하기를 바란다.

동래, 1월 31일.
('더 크로니클', 1928년 4월 2일, 4-5)

63. 봉니 이야기

　부산진 건너에 있는 구관은 선교사들이 즐겁게 방문하는 지역이 아니다. 지저분하고 냄새나는 곳이다. 아이들이 우리를 보면 다음과 같이 외친다. "서양 부인 안녕하세요?" 그러면 그 소리를 들은 사람들이 다 모여 우리를 쳐다본다.

동래일신 제3회 졸업 The Third Graduation, 1928 (Photo: Dongrae Girl's High School)

약 10년 전에 엥겔 부인이 이곳의 한 교인 여성 집에서 작은 주일학교를 시작하였다. 모인 아이 중에 한 작은 꼽추가 있었다. 박봉니였다. 불쌍한 봉니는 더럽고 영양이 부족한 모습이었다. 그러나 주일 아침에 오는 아이 중에 봉니는 가장 정기적으로 잘 참석하였다. 시간이 지나 우리 학교 학생들이 성탄을 준비하고 있었다. 그때 엥겔 부인이 나에게 말하였다. "그 학교 학생들이 봉니를 위하여 옷을 만들면 좋겠어요." 그래서 명단에 봉니의 이름이 올랐고, 곧 학생들은 회색 천을 사 그녀를 위한 옷을 만들었다.

성탄절 아침이 되자 구관에서 온 아이들을 포함하여 주일학교 학생들 모두 부산진교회에 모였다. 이날 봉니에게 좀 빨리 오라고 하였다. 그녀가 오자마자 학생들이 그녀를 교회 옆방으로 데리고 가 새 옷으로 갈아 입혔다. 봉니가 좋아하는 것만큼 학생들도 기뻐하였는데 잘 어울렸기 때문이다.

우리는 또한 봉니를 우리가 돌보기 원하였는바 그녀의 가족이 그녀를 제대로 돌보지 않기 때문이었다. 엥겔은 남호주의 친구들에게 편지를 썼고, 그들은 그녀를 위하여 재정 지원을 수년간 하였다. 그 이후 그녀는 우리 기숙사의 일원이 되었다. 물론 자신의 부모 집도 때때로 방문하였다. 그녀가 공부를 늦게 시작하였기에 어려움은 있었지만, 소학교 6반까지 마칠 수 있었다. 그녀는 성경 과목을 잘하였지만 다른 과목은 힘들어하였다.

마침내 18개월 전 봉니는 소학교 과정을 모두 마쳤다. 우리는 그녀를 유치원 보조교사로 일단 시험해 보기로 하였다. 온전한 교사 역할은 못 해도 보조로 그녀는 아이들을 돌보았고, 자신의 어려웠던 어린 시절 기억도 잊어버릴 수 있었다.

며칠 전 아침, 언덕에 있는 사원의 종소리가 아닌 찬송 소리에 잠을 깼다. 집 앞에 앉아 찬송을 부르는 꼽추가 있었다. 봉니가 새벽 찬송을 부르는 것이었다. 그녀는 우리가 잘 아는 찬송을 부르고 있었는바 예수 그리스도가 우리의 삶에 들어와 기쁨을 준다는 내용이었다.

('더 크로니클', 1929년 4월 1일, 7-8)

64. 최상림과 존 데이비스

우리의 동래교회에 새로운 경쟁이 있다. 노회가 제안하여 교회들이 성경 읽기 시합을 한다고 한다. 우리 교회도 등록한 사람들이 일주일 동안 성경 몇 장을 읽었는지 매 주일 보고한다. 32명이 경쟁에 참여하였는데 11살 난 목사의 아들이 1위를 달리고 있다. 그는 몇 달 동안 앓고 있는데 대부분 집에 머물러 있다. 그와 하퍼 학교 졸업생 큰누나가 선두를 달리다가 지난 몇 일에 동생이 1위로 나섰다. 그는 1월 1일 마태복음으로 시작하여 골로새서까지 왔으며, 많은 것을 깨닫고 있다고 하였다.

"복음서의 많은 내용이 반복되고 있어요. 사울의 회심 이야기가 세 번이나 나와요." 그가 자기 부친에게 말하였고, 그 부친은 주일학교 교사 모임에서 우리에게 전하였다. 한 장로도 다음과 같이 말하였다. "나의 아내는 집안일과 아이를 돌보는 일로 성경을 못 읽었지만, 시합이 시작된 이후로 매일 읽고 있습니다."

주일학교 교사 모임에서 다음과 같은 질문이 나왔다. "어떻게 성인 주일학교를 활성화할 수 있을까요?" 어머니들이 주일 아침 10시에 나오는 것은 쉽지 않았다. "교회당에 불을 일찍 때면 나올 수 있을 거예요." 교사 반장이 말하였다. "내일 아침, 제가 교회에 일찍 나와 미리 불을 때겠습니다." 주일학교 부장인 한 장로가 말하였다. 그리고 어제 아침 10시에 난로는 뜨거웠고, 교인들도 평소보다 더 나왔고, 시간에 맞추어 주일학교를 시작할 수 있었다.

교회 목사(최상림 목사-역자 주)는 성경 고급반을 운영하였고, 내 아버지(존 데이비스-역자 주)는 영어 성경반을 가르쳤다. 주일학교에 남자성경반이 두 개, 여성성경반이 세 개, 그리고 학교 여학생을 위한 반이 1개이다. 모두 95명이 참석하는데 올해 더 증가하기를 희망한다.

동래일신여학교 개교식 기념 데이비스 부모 기증 At the Opening of Dongrae Ilsin Girls School donated by JG Davies, 1926.

6개 마을에 반이 있는 어린이 주일학교는 우리 학교 상급반 학생들과 다른 이들이 가르치고 있다. 두 주전 토요일 교사 모임에서 토론이 있었다. "남학생들을 어떻게 오게 할 수 있을까?" 목회를 준비하고 있는 젊은 은행 직원인 부장은 성경 읽기 시합에 모두 참여하라고 교사들을 독려하였다.

성탄절 오후 6개 마을 주일학교 학생들이 모두 모였다. 교사들이 학생들을 이끌고 예배당으로 들어왔다. 모두 자리에 앉으니 예배당이 꽉 차고 보기 좋았다. 각 주일학교 학생들은 찬송과 성경 암송과 율동을 하였다. 그리고 그들에게 상품을 주었는바 호주에서 온 미션 박스에서 그리고 이곳에서 산 물품들이다. 상품을 못 받은 학생들에게는 연필 한 자루씩 선물로 주었다.

('더 크로니클', 1930년 4월 1일, 6-7)

65. 자조반과 장학금 제도

'자조반 활동 신청을 위해 오는구나.' 오늘 토요일 오후, 새 학생 한 명이 올라오는 것을 보고 나는 생각하였다. 그리고 내 생각이 맞았다. 나는 그녀가 자신의 이야기를 더하기 전에 황급히 지금은 일감이 없다고 말하였다. 20명 정원의 자조반에 이미 23명이 있기 때문이다. 그녀의 이야기를 더 들어보니 자신의 오빠가 전도자인데 월 30엔(3파운드)의 봉급으로 생활도 하며 자신의 학비도 대고 있다는 것이었다. 이 학생이 내가 거절할 수밖에 없는 5번째 학생이다.

이 편지를 쓰는 동안 또 다른 모친과 딸이 찾아와 도와달라는 호소를 하여 쓰기가 중단되었다. 그 딸의 부친은 12년 전에 죽었고, 그 후 모친은 세 아이를 먹여 살리느라 바느질을 계속하여 지금은 눈이 안 보이기 시작한다는 것이다. 그녀의 아들은 보통학교 4학년이 되었지만, 학비를 낼 수 없어 학교에서 돌려보냈다고 한다. 딸은 자조반에 들어 와 일하여 학비를 내기 원하였지만 나는 주저하며 거절할 수밖에 없었다.

우리의 자조반을 돌보는 박성희는 새 회원을 가르치느라고 이미 바쁘다. 그녀는 자신도 4학년인 마지막 학년을 마쳐야 한다. 그녀의 언니 남순이는 거창의 마을 학교 교사이다. 지난 3월 남순이는 자신의 30엔 봉급에서 동생의 학비 9엔을 계속 내기란 불가능하다고 하였다.

맥라렌 부인이 키운 우리의 기숙사 교사가 한 가지 제안을 하였다. "만약에 성희가 식사 시간이나 예배 시간 등에 종을 치는 일을 하면 한 달에 2엔을 받을 수 있습니다. 그리고 자조반에서 바느질하여 2엔을 더 벌면 합하여 기숙사비를 낼 수 있을 겁니다. 나머지 학비는 그녀의 언니가 도와줄 수 있을 겁니다."

현재 일을 가장 잘하는 학생은 거창의 전도부인의 딸 김봉윤이다. 그녀는 또한 반에서 공부도 제일 잘하고 학기 말에 주는 학부모 상도 두 번이나 받았다. 학부모회는 우수한 학생에게 돈이나 선물을 주는 대신 다음 학기 학비를 내준다. 부모도 돕고 딸도 돕는 방법이다.

우리는 자조반에서 가장 바느질을 잘하는 세 명에게 한 달에 10엔의 장학금도 준다. 장학금은 호주의 '목사관의 딸', 장로교여성친교회', 그리고 '개인'에게서 온다. 개인 장학금을 받는 박봉윤은 원래 악한 상황에서 구조된 학생이다. 그녀의 부친이 그녀를 한 남성의 소실로 팔려고 할 때 선교사 한 명이 그 소식을 들었다. 당시 봉윤이는 교회에 정기적으로 출석하고 있었다. 선교사는 그녀를 통영으로 보냈고, 그 후 진주로 갔다. 최근까지만 해도 그녀가 집으로 돌아가는 것이 위험할 것 같았다.

지난가을 봉윤이가 집에 잠깐 다녀 왔는데 안전하였다. 그래서 봄방학에 집에 돌아가는 것을 허락하였다. 그녀의 부친과 오빠는 교회에 다니지는 않지만, 그녀가 교회에 가는 것을 허락하였다. 고향 교회에서 그녀는 큰 환영을 받았고, 어린이들도 가르쳤다. 만약에 그녀가 소실로 팔렸더라면 어떤 인생이었을까. 그녀의 지금 인생은 기쁨과 감사로 넘치고 있다.

'목사관의 딸' 장학금을 받는 한경순은 잘 나가고 있다. 3월의 졸업반 환송 파티에서 그녀는 행사를 조직하였고, 이달의 신입생 환영행사도 준비하였다. 우리 학교 YWCA 새 회장으로 지난 화요일 회장석에 앉아 첫 회의를 인도하였고, 신속하게 업무처리를 잘 진행하였다.

동래여학교 자조반 Self-Support Class(Photo: 'The Chronicle', 1930)

'장로교여성친교회' 장학금을 받는 오춘곤은 아직 두각을 드러내지는 않지만 성장하고 있고, 내년 4학년이 되면 지도력을 발휘할 것이다. 현재 그녀는 부지런한 아가씨로 공부와 바느질 둘 다 잘하고 예의도 있다. 동시에 그녀는 장난스럽고 웃는 것을 좋아한다.

더 쓰기를 원하지만, 편지가 길어져 마치겠다. 바느질감과 장학금으로 이 여학생들을 돕는 것이 얼마나 가치 있는 일인지 여러분에게 전하고 싶다. 욕심부리는 것 같지만 6개 정도의 장학금이 더 있으면 좋겠다. 이 학생들이 기독교 교육을 받으면 장차 이 사회에 어떤 지도자들이 될까. 우리의 제인 하퍼 기념학교에 학생들이 더 들어오기를 열망한다.

('더 크로니클', 1930년 7월 1일, 6-7)

66. 35주년 기념식

지금으로부터 35주년 전에 부산진 한구석에서 움집 같은 교사를 짓고 개교하야 조선 자녀의 교육에 노력을 시작하야 금일까지 노력한 결과가 지금은 고등과만도 200여 명의 생도를 수용하고 동래에 당당한 ...대교사를 보게 된 것이 동래일신여학교이다.

동교에서는 오는 17일 오후 3시부터 창립 35주년 기념식과 아울러 대마가레 교장 20주년 기념식을 동교 대강당에서 거행하리라는데 당일은 생도의 작품 전시회와 밤은 여흥으로 개최하리라는 데 일반은 동교가 35주년이란 장구한 세월을 두고 전혀 조선여자교육에

東萊日新女學校

卅五週年紀念式

校長廿週年紀念式도併行

【釜山】지금으로부터三十五週年前에釜山鎭한구석에서움집갓흔校舍를짓고開校하야朝鮮子女의敎育에努力을始作하야今日사지努力한結果는高等課半과二百餘名의生徒를收容하고東萊에堂々한煉瓦製의大校舍를보게된것이東萊日新女學校이다同校에서는오는十七日午後三時부

더創立三十五週年紀念式과아울너代別加禮校長二十週年紀念式을同校大講堂에서擧行하리라는데當日은生徒의作品展覽會와밤의音樂會도開催하려니와一般으로同校가三十五年이란長久한歲月을두고金혀朝鮮女子敎育에貢獻이만喜해對하야더욱만흔企待를가지고잇다

동래일신 35주년 기념 The 35th School Anniversary, 1930
(Photo: Maeilsinbo)

대마가례 교장 20주년 기념 The 20th Years Anniversary for M Davies, 1930
(Photo: Dongrae Girls High School)

공헌이 많음에 대하야 더욱 많은 기대를 가지고 있다.

[매일신보, 1930년 10월 16일]

67. 학교 35주년 행사

1930년 10월 17일 금요일, 우리 여학교의 매우 기쁜 날 여러분도 함께하였으면 참 좋았을 것이다. 35년 전에 학교가 설립된 것을 기념하는 행사가 오전에 있었다. 오후에는 한국에서의 선교 활동 20년을 맞는 교장을 축하하며 예배가 있었다. 그리고 저녁에는 재학생과 졸업생의 콘서트가 있었다. 교사와 재학생 그리고 졸업생이 모든 행사를 준비하였고, 훌륭하게 진행되었다. 먼 곳에서 온 친구와 방문자에게 식사를 제공하였고, 동창들이 서로 반갑게 만나는 시간도 있었다. 학교 운동장은 행복하고 옷을 잘 입은 사람들로 북적였다.

교실에는 학생들의 작품이 전시되었다. 쓰기, 그리기, 칠하기, 수공예품 등등 교사와 학생들의 높은 수준을 말해주고 있었다. 우등상 받은 학생 이름을 여러분은 이미 들었을 것이다. 특히 '목사관의 딸' 장학금을 받은 학생은 장래가 촉망된다. 알렉산더의 양녀 복순이와 멘지스의 양녀 신복이는 바느질로 상을 받았다.

이 지역과 부산진의 관리와 학교 대표들이 귀빈으로 초청되었다. 많은 축하 연설이 있었고, 많은 선물이 교장에게 전달되었다. 또한, 40

동래일신 체조시간 Physical Drill(Photo: 'The Chronicle', 1931)

東萊日新女校平壤修學旅行紀念
1931.10.

동래일신 졸업여행 Graduation Trip(Photo: 'The Chronicle, 1931)

개의 축하 전보도 도착하였다. 한국인들이 매우 감사하며 관대하다. 학생들도 예의 있게 행동하였다. 이들의 저녁 콘서트는 예술적이고 즐거운 공연이었다. 날씨도 완전하였고, 모두 기뻐하는 하루였다. 우리의 작은 집에서 참석한 선교사들을 대접하였고, 행사를 도운 여성들도 초청하여 감사를 표하였다.

고향에 있는 여러 친구에게 이 소식을 전하는 이유는 여러분 후원의 결과를 알려주기 위함이다. 건강하고 행복한 재학생과 사회와 가정에서 공헌하는 졸업생의 모습을 통하여 여러분의 지원과 헌신에 보답을 느끼기를 바란다. 사랑하는 여러분 모두에게 인사를 전한다.

애니 데이비스
제인 하퍼 기념학교
동래, 1930년 10월 28일.
['더 크로니클', 1931년 1월 1일, 5]

68. 한경순

졸업식 전날까지도 한경순은 '목사관의 딸' 장학금을 계속 받을 수 있을지 몰랐다. 그래서 우리는 그녀에게 공부를 더 하기보다 그녀의 부친이 일하는 밀양의 교회를 도우면 어떻겠냐고 넌지시 말하였다. 그때 길레스피 양에게 '목사관의 딸' 장학금에 관한 전보가 왔다. "현 학생 재정 지원 동의." 그러나 그녀가 다른 학교에 입학하기에는 너무 늦었다고 생각되었다. 마감이 일주일 전이었기 때문이다.

우리는 경순이를 불러 상황을 말하려 하였다. 오! 그러나 그녀는 이미 우리의 과학 교사 오쿠타 양의 도움으로 동경의 학교 입학 절차를 밟고 있었다. 만약 재정 지원이 없다면 오쿠타의 친구가 학비를 내줄 수 있다고 하였던 것이다. 우리는 그녀를 칭찬할지 비난할지 몰랐지만, 그녀의 믿음이 응답받은 것은 사실이었다. 봄 방학에 오쿠타가 동경에 가는데 그때 경순이를 데려가 입학하는 것을 돕겠다고 하였다.

경순이가 가는 학교에는 기숙사가 없다. 그래서 그녀는 학교에서 반 시간 떨어져 있는 한 기독교인 여성 집에 머물고 있다. 그녀는 편지에 어느 주일 비가 많이 와 교회를 못 가고 혼자 예배하고 찬송하였다고 하였다. 그녀는 또한 베드로서부터 요한계시록까지 읽었는데 이해하기 어려운 말이 많았다고 하였다.

경순이는 해외 선교사가 꿈이다. 중국의 산동에서 여선교사를 구하고 있다. 그녀는 아직 그런 결정을 하기에는 젊지만, 하나님이 그녀를 쓸모 있게 인도하실 줄로 믿는다.

편지가 길어지지만, 우리 학교 피아노에 관하여도 써야겠다. 이곳에는 일본과 미국 선교사 학교 여학생들이 서로 인형을 주고받고 있다. 2월에 일본 학생들이 우리 지역에도 인형을 보냈다는 소식이 있었다. 그로 인하여 3월 3일 각 도의 소재지에서 그것을 환영하는 행사가 있다고 한다.

우리 학교는 승인된 학교가 아님에도 그 행사에 참여하라는 통지가 왔다. 우리 도에 3개의 여자 중등학교가 있는데(우리와 부산진과 진주), 우리에게 행사의 큰 부분 맡아달라 하였다. 피아노도 빌려 놓겠다고 하였다. 그러나 문제는 우리에게 리허설을 할 피아노가 없다는 것이었다. 힘든 대화 끝에 동래의 남학교에 가 학생들이 피아노를 연습할 수 있었다.

이번 경우를 통하여 교직원과 학생들은 우리 학교에 피아노가 시급히 필요한 것을 깨달았다. 그들은 지난 3~4년간 모은 돈과 더 모금하여 100파운드가 되면 피아노 구매를 위하여 헌금하겠다고 하였지만, 아직은 그 반밖에 안 되는 돈이었다. 그리고 학부모회가 25파운드를 후원하였고, 나머지 5파운드를 더 모금하여 80파운드를 모을 것이다. 이번 학기 우리는 기쁘게도 피아노를 소유하게 될 것이다.

인형을 환영하는 행사는 소란스럽게 진행되었다. 큰 시청 건물 안은 여학생으로 꽉 찼고, 도지사가 연설하였고, 훌륭한 연주와 체조 프로그램이 있었다.

우리 학교에 관한 두 내용의 소개가 특별히 있었다. 교사가 아닌 학생들이 피아노를 연주하였고, 합창 지휘자가 여성인 성삼색인데 그녀는 우리 기숙사의 반장이다.

동래, 한국, 1931년 4월 25일.
('더 크로니클', 1931년 8월 1일, 8-9)

69. 죽도 밥도 아닌

한국인 부모가 자기 아들을 위하여 신부를 찾고 있었다. "교육받은 여성이 필요해." 부친이 말하였다. "안돼요. 책을 보는 여성은 집안일에 쓸모없어요." 모친이 대답하였다. 이 토론이 얼마 동안 계속되다 부친은 자신의 의견대로 소학교를 졸업한 여성을 며느리로 맞았다.

아니나 다를까. 모친의 염려가 현실이 되었다. 다음 날 아침 잘된 밥이 아닌 이상하게 죽 같이 생긴 밥이 식탁 위에 올라왔다. 기독교인 가정으로 이들은 식사때마다 감사기도를 하였지만 이런 밥을 누가 감사하겠는가? 모친은 화를 내었고, 부친도 실망감과 억울함을 감추지 못하는 표정이었다. 아들은 수치스러움에 고개를 저었다.

"오. 하나님." 며느리는 기도하였다. "이것은 죽도 밥도 아닙니다. 그런데도 우리는 당신께 감사를 드립니다. 당신의 영광을 위하여 이것을 먹고 마실 수 있게 하여주옵소서."

이 이야기를 한 사람은 30대의 소경 전도부인이다. 그녀의 청중은 우리 동래 여전도회 회원들이다. "오늘 제 이야기는 마치 죽도 밥도 아닌 음식 같습니다. 그럼에도 하나님이 축복해 주시기를 기도합니다." 그녀의 이야기는 사실 훌륭하였다. 우리 기독교인들이 흉내만 내는 것이 아니라 우리의 생활 전반에서 어떻게 해야 할지 잘 말해 주었다.

('코리안 미션 필드', 1931년 12월, 511-512)

Neither Boiled Rice nor Porridge

A Korean father and mother were looking for a bride for their son. "She must be an educated girl," said the father. "No, no." said the mother, "these girls who have book learning know nothing about house-work." For sometime the discussion went on, then finally the father had his way and a girl who had been through a primary school was brought to the home as daughter-in law.

Alas, the mother's fears were justified. At breakfast the next morning instead of nicely boiled rice the family was served with a curious looking mush which they viewed with disgust. As they asked a blessing on every meal but who was to offer thanks for this? Not the father-in-law, who could not conceal his chagrin and disappointment, not the mother who was furiously angry, not the young husband who hung his head in shame.

The only one left was the hapless new daughter-in-law. "Oh God," she prayed, "this is neither boiled rice nor porridge, but such as it is we give Thee thanks for it, and pray that Thou wilt enable us to eat and drink to Thy glory."

The teller of this story was a blind Biblewoman of some thirty years of age; her audience the members of our Tongnai Women's Missionary Society. "My talk tonight is like that meal," she went on, "neither boiled rice nor porrige. But nevertheless I pray that God will bless it." In reality her talk was an excellent one, showing what our Christianity shoul be; not a mere pretence of religion but permeating every part of our daily life.

('Korean Mission Field', Dec 1931, 511-512)

70. 동래의 데이비스 가족

제인 하퍼 기념학교의 방학 동안 기숙사 생활도 모두에게 즐거운 시간이었다. 교사와 학생들은 방학 전 공부 외에도 일을 분배하여 각자가 맡은 일을 힘들지 않게 잘하였다. 학교와 기숙사를 청소하였고, 기숙사 학생들은 빨래도 하였다. 자조반의 회원도 자신들의 일을 다 훌륭히 마치어 나를 놀라게 하였다.

올해 기숙사 학생들은 교사와 그들의 아내를 초청하는 대신 주일학교 모임에 참석한 교회의 여성을 초청하여 음식을 대접하였다. 12명 정도의 여성이 기숙사 학생들과 즐겁게 지냈다. 과자와 과일 그리고 식혜를 먹고 마시었고, 게임과 노래 그리고 단막극도 하였다. 나도 이들과 함께 즐거운 시간을 가졌다. 성경을 제일 많이 읽은 학생, 방을 가장 깨끗이 한 학생, 정원의 화분을 제일 잘 가꾼 학생들에게 상품도 주었다. (애니 데이비스)

성탄절이 되면 우리는 교회를 항상 장식한다. 그리고 교인들은 서로 선물을 나눈다. 가난한 사람도 기억한다. 또한, 교인들은 만주의 전쟁으로 인하여 고통받는 사람들을 위하여 선물을 보내기도 하였다.

우리의 특별 관심은 이 지역 나환자요양원이었다. 현재 그곳에는 591명의 환자가 있다. 알렉산더가 수백 개의 선물을 포장하였는데 장갑, 양말, 수건 등이었다. 성탄절에 그곳의 나환자와 그 인근에 있는 사람들까지 다 나누어주었다.

우리는 맥켄지 가족을 그리워하고 있다. 보통 큰 인원이 요양원을 방문하지만 마가렛은 동래교회의 성탄 예배로 바빴다. 다른 선교사들도 자신의 성탄절 책임으로 자유롭지 못하였다. 그래서 앤더슨, 알렉산더 그리고 나만 요양원으로 갔다. 바람은 차가웠지만 먼 길은 아니었다. 4명의 나환자가 배를 저었고, 30분 안에 그곳에 도착하였다.

점심때 우리는 관리자의 집에서 가지고 간 샌드위치를 먹고 뜨거운 커피나 차를 마셨다. 그 후 앤더슨이 성탄 예배를 인도하였다. 그는 짧은 설교를 하였고, 나도 통역을 통하여 인사하였다. 남녀어린이반이 각각 성경 구절을 한목소리로 암송하였고, 찬송도 불렀다. 각 반에 20명 정도가 있었다. 그리고 여러분이 친절하게 보내준 선물을 나누어주기 시작하였다. 앤더슨이 한 켠에서 남성들의 이름을 불렀고, 알렉산더는 다른 켠에서 여성들을 호명하였다.

가장 슬픈 모습은 요양원에 입소하지 못하고 문밖에 있는 환자들이다. 요양원의 음식을 그들에게 나누어 주지 못하였기에 우리는 돈을 조금씩 거두어 그들에게 주었다.

데이비스 가족 Davies Family(Photo: 'The Chronicle', 1932)

178

성탄절 다음 날 우리 선교사들만의 저녁 식사가 있었다. 부산진의 여선교사관에서 열렸다. 데이비스 부인은 감기에 걸려 참석하지 못하였다. 라이트가 차를 가져와 우리 세 명을 태워주었다. 선교사와 그들의 부모가 늘 그렇듯이 우리는 행복한 시간을 가졌다.

한국인들은 매우 관대하고 감사한다. 그들은 우리에게 많은 성탄 선물을 만들어 주었다. 진은 진주에서 와 새해까지 우리와 함께 연말을 보냈다. 동래의 집에서 우리 가족이 함께 새해를 맞는 것이 이번이 세 번째(그리고 아마도 마지막)이다. 우리가 한국에 3년 와 있는 결정을 한 것은 잘한 일이다. 하나님께 이곳에서의 경험에 감사한다. (존 데이비스)

동래, 한국

존과 애니 데이비스

('더 크로니클', 1932년 3월 1일, 4-5)

71. 영순이와 하나코

영순이와 하나코는 5살로 사촌 간이다. 비록 영순이는 한국 이름이고 하나코는 일본 이름이지만 말이다. 이들은 동래에서 한 집사라 불리는 할머니와 함께 살고 있고, 그녀가 기숙사의 일을 도와주러 올 때 아이들도 같이 와 한 쪽에서 논다. 기숙사 학생들은 이 아이들을 매우 귀여워한다. 이들은 종종 일본인 미술 교사 방에 오는데 과자도 주고 같이 놀기도 한다. 이들은 모친이 없으며 할머니가 돌보아주지 않았다면 불행한 삶을 살았을 것이다.

영순이의 부친 김태엽은 평양신학교에서 공부하고 있다. 작년에 그는 아내와 딸을 평양에 데리고 갔었다. 그곳에서 그들은 동래에서 온 다른 가족과 함께 지냈다. 그곳에서 그들은 갑자기 병에 걸렸고, 젊은 아내와 모친이 사망하였다. 태엽도 장티푸스 열로 오래 고생하였다. 영순이의 할머니는 자신의 딸을 잃어버려 슬펐지만, 자신도 몸이 좋지 않았다. 그리고 혼자 남은 작은 손녀가 더 걱정이었다. 여름이 지나고 가을이 오면서 할머니와 영순이는 점차로 회복되었다. 어린 영순이는 웃음을 되찾기 시작하였다.

지난 성탄절 즈음에 한 집사의 아들이 일본에서 왔다. 자신의 작은 딸 하나코를 데리고 왔다. 그의 아내는 죽었고, 딸은 한국어를 못하였다. 아들은 딸이 한국인으로 자라기를 원하여 자신의 모친에게 그녀를 맡긴 것이다. 한 집사는 이미 자신의 연로한 모친도 돌보고 있고, 영순이도 있지만, 하나코도 받아들였다.

하나코는 처음에 부끄러워하였지만, 곧 영순이와 사귀면서 한국 말도 하기 시작하였다. 둘이 손잡고 다니면서 노는 모습은 보기에 좋다. 한 집사는 이 아이들을 깨끗이 키우며 예의 교육도 잘하였다. 한 집사는 50~60살 정도 되는 상냥한 여성이다. 그녀는 인내도 잘하고 유모도 있다. 우리의 박 부인이 식사를 준비하고 그녀가 다림질할 때 우리의 동래 주방에서는 웃음이 끊이지를 않는다.

한 집사는 아침 6시에 와 오후 7시까지 빨래하며 일한다. 그녀는 하루에 6분지 1의 봉급을 받는데 우리가 더 주면 조용히 돈을 돌려준다. 한번은 우리가 선물을 주었는데 다음 날 그녀는 과일을 가지고 왔다! 교회에서고 활동적인 그녀는 최근 집사가 되어 '한 집사'가 되었다. 그녀는 병자 방문단과 항상 동행하였고, 잔치가 있는 집에서도

영순이와 하나코 Youngsooni & Hanako(Photo: 'The Chronicle', 1932)

빠지지 않고 조용히 일하였다. 가난하고 무지한 이 여성의 희생적인 삶이 우리를 부끄럽게 한다. 그녀는 가족과 이웃과 우리 선교사를 포함한 친구들만 생각하지 자신은 돌보지 않는 것 같다.

　주님께서는 신실한 종에게 다음과 같이 말씀하신다. "너희가 여기 내 형제 중에 지극히 작은 자 하나에게 한 것이 곧 내게 한 것이니라." 한 집사의 이 정신이 영순이와 하나코에게도 전해지기를 기도한다.

('더 크로니클', 1932년 11월 1일, 3-4)

72. 선교 25주년 기념

경남 동래읍 수안교회에서는 동래일신여학교장 대마가례씨의 선교 25주년 기념식을 지난 7일 밤에 동 교회당에서 거행하였다 한다.

대마가례씨는 호주 출생으로서 1909년에 호주 멜버른대학을 졸업하고 석사학위를 얻은 후 1910년에 조선으로 건너와서 처음은 부산진에서 선교하는 일방에 교육기관을 창설하여서 많은 공적을 쌓았으며 현재에는 동래읍에서 주재하면서 동래일신여학교장으로 교육과 선교사업에 헌신하고 있다 한다.

그래서 금번에 동래수안교회에서는 대마가례씨 선교 25주년 기념식을 거행하고 씨의 공적을 표창하였다 한다.

[동아일보, 1933년 4월 15일, 3]

마가렛 데이비스(Photo: Dongrae Girls High School, Date unknown)

73. 남조선 유일의 일신여학교

(동래) 호주선교회의 경영으로 과거 30년이란 장구한 역사를 가지고 남조선지방에서 유일한 여자중등학교로서 많은 조선 여성을 길러낸 동래일신여학교는 아직 신 교육령에 의지한 지정학교가 못되어 그동안 학교 당국자로서 많은 활동을 하여 온 결과 지난 3월에 총독부 학무국에서 일신여학교 전생도에게 학업시험을 시행하고 그 결과가 양호함을 인정함으로써 지난 12일부로 여자고등보통학교와 동등하게 지정이 되었다 한다.

[동아일보, 1933년 4월 15일, 3]

74. 드디어 공식 지정되다!

제인하퍼기념학교의 교장 대리인 맥피는 학교가 정부 학교로 '지정'되자 다음과 같이 쓰고 있다.

고향에 있는 여러분 모두 우리와 함께 기뻐할 것이다. 그 많은 걱정과 노력 후에 믿어지지 않는 일이 일어났다. 우리는 결국 좋은 결과

맥피와 정부 지정 인가 기념 Designated by the Government, 1933
(Photo: Dongrae Girl's High School)

를 끌어냈다. 공식적인 통보를 받았을 때 우리 교사와 학생들은 하나가 되어 감사하였다….

맥켄지와 나는 도 교육국에 가 '공식 지정서'를 받았다. 이번 주나와 수 교사는 서울로 가 그곳에서 도운 사람들과 함께 기뻐할 것이다. 어제 우리는 학교에서 축하연을 했고, 모든 교직원과 학생들 그리고 작년 졸업생까지 함께하였다. 수 교사가 그동안 이 일을 위하여 학교가 어떤 노력을 하였는지 그리고 이것이 어떤 의미인지 설명하였다. 우리는 그 이야기를 들으며 감사하는 마음이 더 깊어졌다.

나는 '우리 학교 지정' 만세 삼창을 유도하였고, 학교 지붕이 들썩이는 것 같은 큰 함성이 있었다. 다만 데이비스 교장이 함께 못하여 아쉬웠다! 우리의 기도가 이루어지고 있는 증거가 곳곳에서 보인다. 하나님 아버지께 감사하는 마음이 흘러넘친다.

이다 맥피
('더 크로니클', 1933년 7월 1일, 5)

75. 공식 지정의 의미는

한국의 일본 정부 교육제도에는 몇 가지 형태의 학교가 있지만 '무상'이나 '필수'가 아니다. 철저하게 '세속적'이다. 그들이 공포한 교육의 목적은 좋은 일본 시민을 만드는 것이다. 일본 언어가 교육의 궁극적 수단으로 일본어를 가르치고 있다. 성경은 교과 과목에 자리가 없다.

기독교 선교 학교는 교육의 개요에 포함되지 않는다. 내가 생각하기에 일본 정부는 한국인 교육을 모두 자신들이 하기 원하는 것 같다. 그러나 한국의 미션 스쿨이나 다른 '사립'학교의 가치도 인정되어야 한다. 총독이 특별히 '지정'하는 학교가 있는데 교사나 설비나 장학금이 높은 수준을 성취하는 학교들이다. 이것은 매우 어려운 것으로 기준이 매우 높기 때문이다. 어떤 미션 스쿨은 처음부터 기대하지 않거나 지정받기를 중간에 포기하고, 정부의 규정에 '순복'한다. 이런 학교에서는 성경을 여전히 가르칠 수 있지만, 정규 과목은 아니어서 방과후에 가르쳐야 한다.

한국의 장로교는 '지정'을 추구하는 좀 더 어려운 선택을 하였다. 지금까지 세 개의 남학교와 한 개의 여학교가 지정을 받았다. 이제 제인 하퍼 기념학교가 여학교로는 두 번째 지정을 받은 것이다.

지정된 학교가 수여하는 졸업장은 공립학교가 비슷한 학년에 수여하는 것과 같은 가치가 있다. 우리 학교의 4학년을 마치면 일본이나 공립학교에서 일 년 보충 공부를 하지 않아도 보통학교나 고등학교에 입학할 수 있다. 그러므로 학교는 이 지역과 교육 당국 안에서 더 나은 위치를 확보할 수 있다. 앞으로 더 많은 학생이 등록할 것이므로 학교의 미래는 밝다.

['더 크로니클', 1933년 7월 1일, 5]

76. 동래가 어디에 있습니까

아니오. 당신은 동래가 어디에 있는지 모르십니까? 나는 놀랍지 않은 것이 그곳은 작은 동네이기 때문입니다. 그러나 당신은 그곳을 지나갔거나, 들어 본 적은 있을 것입니다. 부산의 남동쪽 항구입니다. 동래는 북동쪽으로 9마일밖에 안 됩니다. 전차로 가면 40분 정도 걸립니다.

동래는 무엇으로 유명하냐고요? 온천의 뜨거운 샘과 해운대의 바닷가 그리고 사찰이 유명합니다. 그리고 여학생들은 유명한 것에 네 번째도 있다고 합니다. 자신들이 자랑스럽게 속하여 있는 일신여학교입니다. 학교가 그리 크지는 않습니다. 140명 정도 등록할 수 있는 학교입니다. 현재는 123명이 있고, 그중 29명은 기숙사생입니다. 그러나 규모와 비교하면 교사들과 설비가 잘 구비되어 있습니다.

1925년 중등반이 초등반에서 분리되었을 때, 우리는 부산진에서는 적당한 장소를 찾지 못하였습니다. 부산진은 우리 선교부가 있는 곳입니다. 그래서 동래로 이주하게 되었고, 이곳에 학교와 기숙사를 세웠습니다. 3년 동안은 학교의 설비를 차례로 구비하였고, 운동장을 평평하게 하는 등의 작업을 하였습니다.

그리고 1928년 '지정'을 받기 위하여 신청서를 접수하였습니다. 몇 개월 후 서류는 다시 돌아왔고, 보충 사항이 있었습니다. 우리는 요구대로 보완하여 서류를 다시 접수하였습니다. 그리고 세 번째로 서류는 또 반려되었고, 우리는 끝없는 노동으로 근심이 증가하였습니다.

1932년 우리 여학생들이 드디어 시험을 볼 수 있도록 허락되었습니다! 그러나 결과는 실패였습니다. 큰 실망에도 불구하고 또다시 새로 시작하였고, 일 년 후인 1933년 2월 시험을 한 번 더 보았습니다. 희망과 불안 속에 우리는 결과를 기다리고 있습니다. 그리고 4월 12일은 잊어버릴 수 없는 날이 되었습니다. 드디어 '지정'되었다는 기쁜 소식이 온 것입니다.

기독교 학교로 우리는 예전 어느 때보다 강력한 위치에 있다는 것을 느낍니다. 학교 커리큘럼의 한 부분으로 아침 예배와 성경공부가 공식 인정된 후부터 신앙은 결정적으로 더 중요해졌습니다. 그러므로 우리는 하나님께 감사드리며, 용기를 더 하게 됩니다.

[톰슨-그레이, 205]

77. 돌아온 교장 선생님

호주에서 한국으로 돌아오는 길이 좀 힘들었다. 그러나 나는 음식을 좀 먹었고, 멀미는 없었다. 한국 땅에 내리기 전 우리는 홍분을 대처하기 위하여 차와 토스트를 좀 먹었다. 그리고 다시 한번 한국 산이 가까이 보이자 우리의 마음은 홍분되었다. 나는 손수건을 흔들었다. 그러자 위더스, 맥켄지 부인, 토피, 이환 그리고 다른 이들도 항구에 서서 손을 흔들었다. 맥스웰 양도 동래에 머물고 있는데 알렉산더와 맥피와 함께 나와 있었다.

동래 학교의 교사들도 다 나와 있었다. 동래교회의 조 목사와 두 명의 장로 그리고 부산진에서도 교사와 옛 학생들이 나와 우리를 반겼다. 동래의 학생들은 항구까지 걸어왔고, 우리가 떠나기 바로 전 도착하였다. 수혜는 아파서 못 나왔고, 상순이는 부재중에 짐을 보았다. 이환은 교사들에게 짐을 옮기라고 하면서 자신은 축음기를 들었다. 그래서 '구루마'를 빌리지 않고 동래까지 갈 수 있었다.

봉니는 부산진 여선교사관 가는 길 도중에 우리를 만났고, 소경인 하 전도부인은 문 앞에서 우리를 맞았다. 그곳에서 우리는 함께 식사하였다. 라이트가 총회에서 빨리 돌아왔고, 테잇도 내려와 하룻밤을 우리와 지내 반가웠다. 파 부인, 한 집사, 김 그리고 기숙사 요리사는 우리가 학교에 도착하자 우리를 둘러싸며 환영하였다. 모두가 여러분에 대한 사랑스러운 안부를 물었고, 몇 번을 대답해야 했는지 모를 정도이다.

토요일은 온종일 나를 환영하는 방문객을 맞았다. 학교 총무의 아내가 먼저 와 자신의 시아버지 초상 기간이 이제 막 끝나 '믿는 일'을 방해는 걸림돌이 없어졌다고 하였다. 나는 학교로 가 아침 기도회에 참석하여 여학생들에게 몇 마디 하였다. 오후에는 라이트가 우리 다섯 명을 태워 나가 함께 다과회를 했다.

기숙사에서 우리를 저녁 식사에 초청하였다. 맥피를 환송하고 나는 환영하는 자리였다. 맥피에게 동으로 된 향로와 두 개의 촛대를 선물로 주었고, 나에게는 금박 왕관을 씌워 주었다. 우리는 게임을 하며 즐거운 시간을 보냈다. 여학생들이 모든 것을 주관하는 것을 보고 맥스웰 양이 좋은 인상을 받았다.

동래, 9월 18일.
['더 크로니클', 1933년 12월 1일, 3-4]

78. 동래일신여학교 지정 축하회

　이달 16일 월요일, 학생들의 작품 전시회가 오전 10시부터 오후 4시까지 있었다. 이날 음식 대접은 없었는바 다음 날 250명 손님을 위한 점심 식사를 준비해야 하기 때문이었다. 그러나 우리 학교 졸업생이자 진주의 목사 여동생인 과학 교사는 '매점'을 열어 차, 빵, 도넛 등을 팔았다. 그녀의 지휘 아래 여학생들이 요리하였고, '매점'은 성공적으로 준비한 음식을 팔아 작은 이윤을 남겼다.

　글과 그림 그리고 수예품은 윗 층의 두 개 교실에 전시되었고, 또 다른 교실에는 검사를 위한 자연사 표본과 과학 비품들이 있다. 여학생들의 수예품 판매로 50엔 정도의 수입이 있었다.

동래일신 지정 축하식 Designation Celebrations(Photo: 'The Chronicle', 1934)

우리는 그날 많은 방문객을 기대하지 않았지만, 문을 열자마자 사람들이 몰려 왔다. 구경꾼들이 자신의 신발을 담을 수 있도록 800장의 종이를 준비하였지만, 점심시간 전에 모두 동이 나 더 준비해야 하였다. 모두 1,300명 정도가 다녀간 것 같다.

다음 날 17일은 다행히 날씨가 좋았다. 오전 8시 30분에 간단한 경건회가 있었고, 지정받기까지의 발자취가 소개되었다. 그 후 축사가 이어졌다. 우리 학교를 처음 방문한 도지사가 먼저 축사하였고, 다른 이들도 축사하였다. 10시 전에 모두 끝나 지난달 10년의 공부를 마친 학교 총무의 축사를 제시간에 할 수 있어 좋았다. 동창생과 재학생이 함께 멋진 옷장을 그에게 선물하였다. 그는 매우 기뻐하며 후에 자기 자식들에게 물려주겠다고 하였다. 그의 딸은 현재 우리 학교 1학년인데 똑똑하고 달리기를 잘하여 상을 몇 번 받았다.

우리는 모두 10시 15분에 운동장에 모일 수 있었다. 운동 경기가 잘 준비되어 낭비 시간 없이 하나씩 신속하게 진행되었다. 여학생들은 체조와 경기 등을 잘하였고, 그 시간을 매우 즐기는 것 같았다. 부산진의 학생들도 몇 개의 운동을 보여주었고, 동래교회의 야학과 지역 정부의 학교들도 하나씩 보여주었다. 지역 사진가가 사진을 멋지게 찍었고, 맥켄지는 자신의 사진기로 동영상을 촬영하였다. 여러분께 곧 보내겠다. 여자성경학원 위원회가 그날 저녁 모였기에 매카그와 던이 그 전날 부산진에 와 우리 운동회에 함께 하였다.

('더 크로니클', 1934년 1월 1일, 4)

79. 동래교회의 세례식

멜버른을 떠난 지 벌써 3개월이 되었다. 그동안 많은 일이 있어 그것을 다 적지는 못한다. 커(에디스 커, 동래실수학교 교장-역자 주)와 나는 흥미롭고 새로운 항해 길을 찾았다. 자바는 정말 아름다운 섬으로 큰 산과 비옥한 토양이 있다. 우리는 그곳의 그 유명한 8세기에 세워진 보로-부다 사찰을 방문할 수 있어 행운이었다. 그곳과 다른 방문지에 관한 좋은 기억이 아직도 남아있다.

싱가포르도 우리는 처음이었다. 그곳의 YWCA 호스텔에서 호주인, 중국인, 인도인, 유럽인들을 만날 수 있었다. 홍콩에서 페기 번톤과 하루 만났고, 상해에서는 내지선교회 친구들과 즐겁게 지냈다.

그러나 가장 큰 기쁨은 한국의 집으로 와 사랑하는 이 땅의 친구들을 만난 것이다. 이 땅의 아름다운 풍경이 우리를 다시 새롭게 하였는바 커가 다음과 같이 말하였다. "이곳에 아름다운 곳이 많은데 왜 자바까지 가겠는가?" 처음 며칠은 이곳 사람들에게 환영받는 시간이었다. 그리고 맥피와 학교에 관하여 이야기할 수 있어 좋았다. 모든 것이 잘 진행되고 있어 다시 일을 이어가기가 쉬웠다.

지난 일 년 동안 맥피가 이곳에서 일을 훌륭히 해 주어 모두 고마워하였다. 교사회의 환송회 시에 학교 대표가 발언하기를 그녀의 도움으로 인하여 특히 영적인 생활과 성장을 가져올 수 있었다고 하였다. 그녀의 영향은 깊고 지속적인데, 특히 그녀의 성경반 학생들에게 더 그러하다.

지난주일 교회에 세례식이 있었다. 우리의 젊은 역사 교사와 여학생 4명이 공적으로 신앙을 공표하며 세례를 받아 특별히 기쁜 날이었다. 다른 학생 한 명은 아파서 불참하였다. 수 명은 세례문답반에 허입되었다. 지난 토요일 저녁에는 기숙사 저녁 식사에 우리의 조승제 목사가 초청되었다. 학교 대표, 역사 교사, 토페 양 그리고 나도 초청받았다. 우리는 식사 후에 짧은 예배를 드렸는바 조 목사가 여학생들에게 최근에 사망한 한 젊은 여성에 관하여 말하였다. 그리스도와 같은 삶에 그녀도 성인의 반열에 올랐다는 내용인데 학생들이 큰 감동을 받았다.

동래, 1933년 11월 22일.
['더 크로니클', 1934년 2월 1일, 4]

존 데이비스 목사와 성경공부 회원들 Rev John G Davies
(Photo: 'The Chronicle', 1935)

80. 졸업생들의 직업

작년 보고서에 우리 학교가 정부의 승인을 받아 '지정'되었다는 소식을 맥피가 적었다. 그리고 그 소식을 접한 교사와 학생들이 미친 듯이 좋아하였다는 잊을 수 없는 그 날에 관한 소식도 보고하였다. 1933년 9월 15일 내가 휴가를 마치고 한국으로 복귀하였을 때는 그 기쁨이 좀 진정되어 있었다. 그럼에도 불구하고 '지정'은 현실이었고, 10월의 아름다운 가을 이틀에 걸쳐 우리는 축하회를 하였다. 참석한 모두가 행복한 날이었다.

지난 한 해 교사 인원에 변동이 있었다. 교장 대리 맥피는 내가 돌아온 직후 일을 나에게 넘겼고, 우리는 모두 그녀가 떠나는 것에 아쉬워하였다. 그녀의 강한 기독교 신앙이 깊은 영향을 주었고, 특히 그녀가 교사기도회를 시작하여 감사하며 그 기도회는 매일 아침 계속되고 있다.

일본인 미술 교사는 2학기 말에 갑자기 떠났다. 다른 교사가 그 과목을 3학기에 가르쳤고, 4월에 가서야 자격 있는 일본인 교사가 확보되어 미술, 붓글씨, 그리고 자수를 가르치고 있다. 임시로 와 있던 과학 교사는 우리 학교 졸업생으로 대체되었는데 그녀는 나라고등일반학교를 졸업한 자격이 훌륭한 교사이다.

우리의 젊은 역사 교사는 지난달 결혼하였는데 신부는 5년 전 우리 학교를 졸업하고 일본에서 가정 과학을 공부하였다. '학교 결혼식'은 적지 않은 즐거운 흥분을 일으켰고, 남교사의 3학년 학생들은 교회당 입구에서 신랑과 신부의 입장에 환호하였다.

올해의 '입학과 졸업'은 학교의 새 위상에 중요한 행사였다. 졸업생들은 처음으로 서울에서 열리는 교사보통학교 시험에 응시할 수 있었다. 세 명이 신청하였는바 한 명이 합격하여 교사 훈련과정을 밟고 있다. 다른 한 명의 졸업생은 마산소학교 교사로 직접 갈 수 있었고, 다른 두 명은 유치원 교사 훈련을 받고 있다. 그리고 한 명은 세브란스 병원에서 간호사 훈련을 받고 있다.

모두 16명이 4학년을 졸업하였는데 나머지 11명 중 한 명은 부산 진유치원을 돕고 있고, 다른 한 명은 부산진 소학교에서 임시 교사를 하고 있다. 그 외 나머지는 집에 머물고 있다.

최근에 우리 학교 동창회가 한 달에 한 번씩 모이고 있다. 졸업생들이 널리 흩어져 살아 적은 수만 참석하고 있지만, 서로의 관계를 새롭게 하고, 성경공부와 보건학, 유아 교육 등의 주제에 관심을 높일 수 있도록 돕고 있다.

3월에 64명의 학생이 입학 신청을 하였다. 그중 41명이 입학시험에 합격하였고, 2학년으로 올라가지 못한 3명도 1학년에 합류하였다. 35명이 정원이지만 특별 허락으로 20%가 더 들어 올 수 있다. 다른 3명의 여학생은 4학년에 신청하였다. 그중 2명은 진주의 남장로교 선교 학교에서 왔고, 나머지 한 학생은 지정학교를 찾아 광주에서 왔다. 이들 모두 좋은 기독교인이며 학교에 좋은 자산이 될 것이다. 광주에서 온 학생은 피아니스트이기도 하여 음악 시간에 가르치기도 한다. 학생 중 4명이 피아노를 배우고 있고, 28명이 오르간을 배우고 있다.

전체 학생 수는 이제 122명이며, 그중 29명이 기숙사생이다. 5월 마지막 주에 특별 모임이 학교에 있었다. 성경공부 대회였다. 평양에서 송 목사가 강사로 왔다. 그의 열정적이고 감동적인 강연으로 기독교인 생활의 행복함을 다시 느끼게 되었다. 그는 학교 분위기가 친근하다 하였고, 학생들은 주로 자신의 신앙과 전도 활동에 관하여 상담

동래일신 10회 졸업생 Davies with tenth Graduates, 1935
(Photo: Dongrae Girls High School)

하였다.

학교 여학생을 위한 주일학교가 기숙사에서 열리는데 72명이 등록하였다. 우리의 목표는 동래에 사는 여학생들이 다 참석하는 것이다. 기숙사 교사가 책임 맡고 있으며, 상급반 3명의 여학생이 반에서 가르친다. 오후에는 25명 정도의 학생들이 주일학교 사역에 참여하는데 교회 주일학교나 동래 주변 마을 6개의 확장 주일학교에서 가르친다. 지역 목사도 관심이 많아 시간 될 때마다 1~2개의 확장 반을 방문한다. 최근에는 한 마을에서 주일학교를 하도록 방을 내주어 좋은 관계를 맺고 있다.

지난 공의회 이후 학교 이사회가 세 번 모였다. 지난 모임에서는 교실이 더 필요함을 공의회와 빅토리아여선교연합회에 알리기로 하였다. 현재 4개의 교실 중 3개가 작은 편인데 규정에 따르면 학생 수를 140명까지 제한해야 한다. 큰 평의 세 개의 교실을 확충하면 200명까지 학생을 받을 수 있다. 이것이 원래 계획이었다. 이외에 세탁실 같은 다른 방도 필요하지만, 큰 교실을 보유하는 것이 우선이다. 더 많은 학생이 들어오면 학비 수입도 많아진다. 이사회는 여러분께 호소하기를 원한다.

동래, 1934년 6월.
['더 크로니클', 1934년 9월 1일, 6-7]

81. 존 데이비스 추모예배

존 조지 데이비스 목사 Rev John G Davies
(Photo: 'The Messenger', 1935)

주일 저녁 동래교회에서 일반 예배를 마친 후 아버지를 위한 추모예배가 있었다. 부산진 학교와 동래교회 둘 다 '영광의 찬송'을 선택하였고, 우리 여학생 두 명이 듀엣으로 고별 송을 불렀다. 조 목사(조승제 목사-역자 주)가 나에게 좋아하는 찬송과 성경 본문을 선택해 달라고 하여 '예수, 내 영혼의 사랑'과 빌립보서 1장 21~23절을 알려

주었다.

우리의 새 장로 지 씨는 아버지의 사역과 일생에 대하여 회고하였는바 한 부분은 내가 들려준 이야기이고 나머지는 본인이 경험한 내용이었다. 아버지의 열정이 모두에게 큰 인상을 주었고, 지 장로는 아버지가 장시간 동래 주변의 산을 올랐던 이야기도 하였다. 그는 또한 김태엽에 관한 아버지의 관심을 말하였는바 그도 아버지와 같이 은행에서 일하다가 목회를 위하여 그 일을 그만두었기 때문이다.

조 목사는 동래교회와 아버지의 관계와 많은 교인이 좋아하던 아버지의 설교에 대하여 주로 말하였다. 그 후 아버지에 관한 추억을 말하고 싶은 사람은 말하라는 초청이 있었는데 조장오와 학교 수 교사가 말하였다. 조장오는 예배 시간에 종종 아버지와 함께 앉았는데 예배를 마치고 헤어지기 전 아버지가 매번 그의 손을 꽉 잡아주어 그 따뜻함을 잊을 수가 없다고 하였다. 수 교사는 아버지가 한국어를 배워 요한복음을 읽은 것을 말하며, 아버지와 두 번 멀리 등산을 하였는데 아버지는 고향의 경제 공황과 선교 활동의 미래에 관하여 염려하였다고 회상하였다.

조 목사는 나에게 몇 마디 하겠느냐고 물었다. 쉽지는 않았지만 나는 순서 담당자들에게 감사하였고, 아버지가 어떻게 하나님 나라와 그의 의를 먼저 구하였는지 말하였다. 그리고 그가 시작한 일을 이제 우리가 맡아 계속 진행해야 한다고 덧붙였다.

('더 크로니클', 1935년 3월 1일, 3-4)

82. 학교를 위한 재정 모금

'더 크로니클' 독자에게 편지 쓸 시간을 한두 달 기다리다 더는 기다리지 못하고 이제 쓴다. 시간이 날 때까지 기다리지 말고 만들어 써야겠다. 여러분이 초록색으로 상쾌한 한국의 5월을 보았으면 좋겠다.

'일신' 제7호 표지 Cover of 'Ilsin', 1935
(Photo: Dongrae Girl's High School)

지난 토요일 나는 걸어서 구서까지 갔다. 한 노인 자매를 만나기 위함인데 그녀는 약한 몸에 거의 앞을 보지 못한다. 그런데도 그녀는 활기차게 나를 맞았고, 친구들과 신학 공부를 하는 프랭크 엥겔의 안부를 묻기도 하였다. 그곳까지의 길은 익어가는 보리밭을 지나고 좁은 골목을 지나야 한다. 나는 종종 고개를 들어 먼 산을 보았는데 올해 처음 뻐꾸기 울음소리도 들었다.

　　동래와 부산진 학교는 둘 다 첫 학기를 바쁘게 지나고 있다. 동래에는 144명의 학생이 등록하였는바 기록적이다. 만약 우리에게 숙소가 더 있었다면 50명은 더 받을 수 있었다. 3월 말 입학시험 시 103명이 시험을 보았고, 그중 46명만 합격하였다. 실망하는 여학생들의 우는 모습을 보는 것은 스트레스이다.

　　1학년에 입학한 학생 외에 7명의 상급생이 다른 학교에서 전학을 왔다. 2, 3, 4학년에 각각 배치되었다. 이 학생들은 우리가 정부로부터 지정된 학교이기에 온 것이지만 대부분 미션 스쿨에서 와 믿는 학생들이다. 기숙사에는 이제 51명의 학생이 있다. 최고로 찬 것이다. 우리는 방문자와 자조반 방까지 포기하고 침실로 만들었다. 이제 식당에서 자조반 작업해야 하고 그것도 모자라면 기숙사 입구에서 해야 한다!

　　학교 이사회가 학교를 위한 한국인 후원자 명단을 만들고 있어 기쁘다. 노회가 이사회의 제안을 받아들여 우리 도에 있는 모든 교회가 학교를 위하여 3월 첫 주에 헌금하도록 하였다. 6월 노회에 가서야 그 결과를 알 수 있을 것이다. 아마 가장 큰 헌금은 동래교회와 학교 자체에서 하였는바 250엔이다. 우리 집의 여성 파 부인은 25엔 봉급에서 10엔을 헌금하였는데 '학교가 하는 모든 일이 정말 감사하기 때문'이라 하였다. 이 기금의 회계인 김만일 목사는 시골의 가난하고 작은 교회에서 우리 학교를 위하여 보내온 헌금에 대하여 말하였고, 우리는 감동하였다.

학교 이사회는 또한 학부모회와 동창회 그리고 다른 관심 있는 단체에 새 교실 증축에 관한 필요를 제시하였다. 어떤 결과를 가져올지 아직 모른다. 우리는 이들이 요구되는 금액의 큰 부분을 채울 수 있기를 희망하며, 이것을 통하여 한국과 호주의 협력이 강화되기를 바란다. 200명 혹은 그 이상의 여학생을 수용할 수 있는 기숙사가 마련되어 지정된 기독교 학교의 혜택을 누리기 원하는 학생들이 더 들어오기를 바란다.

부산진에는 새 소학교를 위한 부지가 이제 마련되었다. 재산위원회는 현재 건축을 위한 계약을 고려하고 있다. 교사와 학생들은 새 학교가 속히 완공되기를 기도하고 있고, 그 기도는 곧 응답될 것이다. 계약이 곧 이루어질 가능성이 크고, 그러면 가을 학기 말에는 새 건물에 입주할 수 있을 것이다.

동래, 1935년 5월 20일.
('더 크로니클', 1935년 8월 1일, 7)

83. 성실

요지음에 내가 '참된' 사람과 '참되지 못한' 사람에 관한 글을 읽다가 생각한바가 있었습니다. '참되지 못한' 사람은 카메론이라는 기이한 동물과 같다고 할수 있으니 그것은 어대다가 갖다두던지 그 자리의 빛을 취하는 것입니다. 어떤때는 푸르게 되다가 그 다음에는 붉게 되고 또 그 다음에는 녹색이 되나니 실로 하루동안에도 백번이나 그 빛깔을 변하는 동물입니다. 사람 가운데도 이와같은 사람이 있으니 그런 이는 자기 곁에 있는 사람들의 의견에 영합하기 위하여서 무시로 자기 의견을 변해가는 자들이라 그들은 자기라는것을 갖지 못하는 자들입니다.

지금 우리가 요망하는바는 우리 학생들이 마음을 열어서 공부를 대할것이며 선생님들이 가르치려는것을 옳게 받으며 선생님들과 동창학우들한테서 좋은 감화를 받으라는 것입니다. 그리고 카메론과 같이 '참되지 못한' 자가 되지 않기를 요구합니다. 첫재 잘 듣고 그다음 자력으로 판단한 뒤에 마음에 결정을 내리는것이 필요합니다. 한번 이것이 옳다고 확신한 다음에는 다른 사람이 아모리 아첨하는말이나 무슨 다른 ...한 수단으로 꼬여넘기려하여도 마음을 도리켜서는 안될것입니다. 신념의 힘을 가져야됩니다. 그리고 다른이에게 흔들리기보담 다른이를 흔드는자가 되어야됩니다. 만약 여러분이 그와같은 '참된' 사람이되면 한가지 큰 결과로서 여러분은 자유가 되터이며 우리 졸업생중 몇몇이 매월 끝토요일마다 모여서 공부하여 나오든바 정신의 자유를 갖게 될터입니다.

Sincerity

I have been reading lately about people who are "real", and those who are "unreal", and it has set me thinking along those lines. The "unreal" people may be said to be like the chameleon, that curious creature that takes its colour from whatever object it is placed on It may be blue one moment; red the next, green the next, and in fact, change its colour a hundred times in the course of a day. Some people are like that, they are continually changing their opinions to agree with those of the people they are with; they are never really "themselves".

Now we want our girls to bring an open mind to their studies, to receive what their teachers have to give them and to be influenced both by their teachers and by their fellow students. But we do not want you to be "unreal", like the chameleon. The important thing is to listen well, judge for yourselves, and then—make up your minds. Once you are sure a thing is right do not be turned aside by those who would win you with flattery or in other insidious ways. Have the strength of your convictions, and be one to influence others rather than be influenced by them. If you are that kind of 'real' person one great result will be that you will be free, with that freedom of the spirit that some of our graduates have been studying about on the last Saturday of every month. Jesus said "The truth shall make you free", and I think that part of His meaning was what I have been trying to say about being true to oneself and one's conviction. our great Western poet has said "To thine own self be true,

And it must follow as the night the day,

Thou canst not then be false to any man.

My thoughts have been expressed very briefly and imperfectly, but I do hope that you will all think about this subject, and, what is much more important, show by your actions that you are trying to be true to your own highest ideals, even those of our Master and Teacher the Lord Jesus Christ.

M S. Davies

교지 일신 제7호 데이비스 교장 인사말 'Ilsin' Preface by Davies, 1935
(Photo: Dongrae Girl's High School)

'진리가 너희를 자유케하리라'하고 예수께서 말씀하셨거나와 자신에 충실하고 자기 신념에 성실하라고 내가 말해 온 것도 역시 그 말씀의 일면인줄 압니다.

네몸에 충성되라 네몸에 충실되면
낮이 지난후에 밤이 절로 되옴 같이
남에게 충실되기는 절로절로되오리다 (의역)
라고 서양시인도 읊었습니다.

나의생각이 매우 간단하고 불완전하게 발표되었음에 불과하지마는 여러분은 모도 이문제를 생각하기를 바라며 뿐만아니라 여러분이 각목의 최고진리에 충실하고 우리의 주인이시고 선생님이신 주 예수 그리스도의 현상에도 충실하려고 애쓰는 것을 여러분의 실지행동으로써 보이기를 바랍니다.

대마가례

[일신, 1935년 3월, 3]

84. 신사참배를 거부하다

우리는 임시협의회로 모여 정부가 우리 학교에 요청하는 내용을 주제로 토론하였고 실천계획을 결의하였다.

다음과 같이 동의하다.

우리는 일본 천황 폐하에 대한 높은 존경과 충성을 표현하기 원하며, 이는 좋은 정부의 축복과 이 땅에서 우리가 받은 많은 예우에 대한 감사의 마음과 권위를 가진 사람을 공경해야 한다는 기독교 성경의 가르침에 따른 것이다.

우리는 학생들에게 순종과 충성이라는 미덕을 장려할 의무가 있음을 인식한다. 우리는 우리 학교가 모든 국가 행사에 참여하기를 바란다.

그러나 우리는 인류의 아버지로 계시가 된 우주의 창조주이자 통치자이신 한 분 하나님만을 예배하기 때문에, 다른 영들에게 드리는 제단 앞에서 그리고 그 앞에서 일반적으로 행해지는 숭배 행위는 하나님의 명령을 불순종하는 것이기에, 우리는 그러한 참배를 할 수 없고 우리의 학교들에도 그렇게 하도록 지시할 수 없다.

〔호주선교사 공의회 회의록, 1936년 2월 7일, 78〕

We worship one God alone

In view of certain demands made upon our schools by the Government a Pro Re Nata Council be called to discuss these demands, and decided upon a concerted plan of action.

It was on motion agreed that;

We wish to express the high respect and loyalty which we hold towards His Imperial majesty the Emperor of Japan, this we do in gratitude for the blessings of good government, and the many courtesies we have received in this land, and because of the teaching of the Christian Scriptures that we should honour those set in authority.

We recognise our obligation to promote the virtues of obedience and loyalty in our students.

We desire that our schools should participate in all national ceremonies.

But since we worship one God alone, Creator and Ruler of the Universe, revealed as the father of Mankind, and because to comply with an order to make obeisance at shrines which are dedicated to other spirits and at which acts of worship are commonly performed, would constitute for us a disobedience to His expressed commands, we therefore are unable ourselves to make such obedience, or to instruct our schools to do so.

('The Records', Feb 7, 1936, 78)

---

85. 한국선교 25주년 축하

나의 한국선교 25주년을 축하해 준 여러분 모두에게 감사한다. 여러분의 사랑과 친절함에 나는 겸손해진다. 11월 30일 토요일 밤 축하 예배가 교회에서 있었다. 그리고 멀리서 온 사람들을 위한 저녁 식사 파티도 있었다. 교회당 안은 만국기로 장식되었고, 칠판 위에 한국

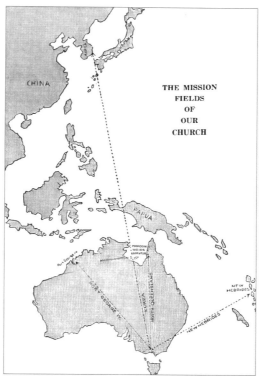

빅토리아여선교연합회 선교지도 PWMU Mission Map
(Photo: 'The Chronicle', 1942)

과 호주 지도를 그려 '예수님의 사랑'이란 단어로 두 나라를 연결하였다. 그리고 나무 한 그루도 그렸는데 '희망', '기쁨', '영생' 등의 열매가 달려있었다. 이것은 이 땅에서 선교사들의 활동 결과를 가리키는 것이었다.

목사가 사회를 보았지만 남 교사들이 모든 프로그램을 만들어 진행하였다. 성경 봉독, 인사말, 나의 생애사 낭독 등등. 이어서 축하 연설이 이어졌다. 그중 두 명 여성의 축하가 제일 마음에 와닿았다. 한 명은 김만일 목사의 부인으로 내가 주일 사역으로 동래에 올 때마다 토요일 밤을 그녀의 집에서 잤었다.

다른 한 명은 김기숙으로 부산진의 초기 학생이었고 지금은 전도부인이다. 그녀는 전도부인 역할을 시작하자마자 폐결핵 증상을 보여 일을 할 수 없었지만 오랜 시간 선교부가 지원하였다. 마가렛 알렉산더는 통영으로 가기 전 먼 거리에 있는 기숙의 집을 방문하며 돈과 약으로 그녀를 지원하였다. 그 후 그녀는 놀랍게 회복되어 전도부인의 역할을 다시 하고 있다. 그렇지만 아직 조심해야 한다. 그녀는 두 명의 아이가 있는 과부이다.

교회 교인들은 나에게 8폭의 병풍을 선물로 주었다. 병풍에는 산상수훈과 시편 23편이 한글로 아름답게 쓰여 있다. 그 외에도 다른 선물이 있었는데 학교에서는 좋은 영어 성경을 주었다.

부산진선교부의 동료들은 11월 1일 네피어의 생일과 나의 25주년을 동시에 축하해 주었다. 그들은 나에게 멋진 녹색 꽃병을 선물하였다. 모두의 친절함에 감사할 따름이다.

동래, 1935년 12월 10일.

['더 크로니클', 1936년 2월 1일, 8]

86. 구호위원회 강의

    안녕하세요? 우리가 무엇과 싸우고 있는지 말씀을 드리려고 합니다. 기록을 위하여 먼저 부산 항구 근처의 해안은 여관과 사창가로 밀집해 있다는 것을 밝힙니다. 부산역도 선창가와 이어지고 있습니다. 우리는 여관 주인과 해경과 목단 뚜쟁이들 간의 음모에 반대하고 있습니다. 여관은 성매매의 온상인데, 일본제국 하에서는 합법적으로 운영되고 있습니다.

    1929년 10월 경제 공황 시작 때부터 일본은 한국과 대만의 젊은 이들을 일본의 무기 공장과 선박 공장으로 징집하기 시작하였습니다. 이것으로 그들의 젊은이들은 전쟁에 참여할 수 있는 것입니다. 결혼한 젊은이들을 우선하여 징집하였습니다. 젊은이가 3개월 동안 일을 잘하면, 그의 아내와 아이들이 일본에 와 합류하도록 하였습니다.

    젊은 아내가 배를 타려고 부산항에 오면 그녀는 덫에 걸립니다. 여관의 뚜쟁이는 마피아 조직원입니다. 마피아 대장은 해경에 뇌물을 주고 그녀가 창기가 되도록 유도합니다. 일본은 군대를 수년 동안 만주에 보냈고, 뚜쟁이 두목은 여성들을 목단의 조직에 팔아 넘겨왔습니다.

    기록에 의하면 한 젊은 여성이 준킨 기념병원에 와 도움을 청하였습니다. 그녀는 뚜쟁이 두목에게 속한 창녀였는데, 죽임을 당할까 봐 두려워하고 있었습니다. 그녀가 성병에 걸린 것이 확인되자 그녀는 도망하였고, 해경은 이틀 후에 그녀의 죽은 작은 몸을 항구에서 발견하였습니다.

    감사합니다.

1936년 봄

〔톰슨 그레이, 224-225〕

---

87. 졸업식

예전대로 일주일 동안의 행사가 진행되었다. 금요일 저녁에 교회
는 졸업하는 주일학교 교사를 위한 환송식을 열었다. 관 집사가 주도
하였고 잘 진행하였다. 토요일 오후에는 재학생이 졸업생을 위하여
환송회를 열었다. 김보금이 사회를 보았고, 재미있는 프로그램이 유쾌
하게 진행되었다. 기숙사에서의 파티도 그날 저녁에 열렸다. 마찬가지
로 잘 진행되었는데 오후 환송회를 인도하던 학생들이 또 책임을 맡
아 피곤해하였다.

주일 아침에는 우리 여학생들의 주일학교 상장 수여식이 있었다.
그리고 김만일 목사가 특별예배를 인도하였다. 월요일에는 학교 청소
가 있었고, 졸업식 순서를 연습하였고, 저녁에는 교사들이 떠나는 세
명의 동료를 위하여 온천에서 환송회를 하였다.

드디어 화요일이 왔다. 아침에는 비가 왔지만, 오후에는 다행히 날
씨가 개었다. 졸업식은 잘 진행되었다. 부총독이 참석하여 학교로서
는 좋은 징조였다. 부산진에서 맥켄지 부부와 레거트 그리고 레인이
참석하였다.

〔'더 크로니클', 1936년 7월 1일, 5-6〕

대마가례 교장 Principal Margaret Davies(Photo: , 1936)

88. 부산진의 새 학교 건물

　　부산진에 잇어 40년의 깊은 역사를 가진 부산진일신여학교는 작
년 가을부터 부산진 높은 산상에 부지 1천 5백평을 정하야 건평 160
평의 2층 양옥의 신교사를 총경비 5만여원을 드려 공사를 진행하든
바 최근에 공사가 완성되어 지난 15일에 이전을 하엿는데 호주미순회
에서 조선의 자녀를 위하야 이같이 큰 학교를 신축하야 그들의 앞길
을 지도하여주는데 일반은 크게 감사를 느끼고 있다 한다.

(동아일보, 1936년 5월 18일, 4)

89. 신사참배에 관한 질문

　　마산과 진주를 덮쳤던 8월의 태풍이 금강산을 막 떠나려고 하는
우리에게도 영향을 주었다. 서울까지의 기찻길이 끊긴 것이다. 다행히
기찻길이 빨리 복구되어 우리는 이틀 후에 떠날 수 있었다.
　　우리가 서울에 도착했을 때 충격적인 소식이 전하여졌다. 네피어
선교사가 갑자기 사망했다는 것이다. 그녀가 우리보다 일주일 먼저 금

부산진일신여학교 New Busanjin Ilsin Girl's School Building, 1937
(Photo: Ballarat Mission Album)
*현재 금성중고등학교로 본관은 신축 건물이지만 Y자 계단은 그대로
 남아있다.

강산을 떠날 때 그녀의 건강은 많이 호전되었고, 서울에서 함께 부산
으로 내려갈 계획이었다. 다음 날 대구에서 예배가 있었기에 우리는
다시 대구로 올라가 참석하였다. 네피어의 많은 한국인 친구와 함께
그녀를 추모하며 사랑과 존경을 표할 수 있어 좋았다. 그녀를 향한 한
국인들의 애정의 모습은 깊은 감동이었다.

가을 초, 신사참배에 관한 질문이 우리 제인 하퍼 기념학교에 아픈 문제로 다가왔다. 이 나라의 다른 학교도 같은 상황에 부닥쳐졌다. 그러나 우리 지역의 관리들은 우리의 입장을 잘 이해해 주는 것 같아 감사하였다. 신사 앞에서 절하는 대신 하나님께 침묵 기도를 드릴 수 있도록 한 것이다. 이것으로 이 어려운 문제가 해결될 수 있기를 진심으로 바란다.

11월 동래교회에서 세례식이 있었다. 우리 6명의 여학생이 세례를 받고 정회원이 되었다. 11명은 세례문답반에 들어왔다. 이 예배는 토요일 저녁에 있었고, 주일에는 성만찬 식이 있어 새 회원과 함께 성찬을 나눌수 있어 기뻤다.

새 교실을 위한 모금위원회는 지난 6개월 동안 매우 활동적으로 일하였다. 우리 지역 목사이자 학교 총무인 김만일을 포함한 6명의 위원은 부산진 지역의 유력 인사들을 다 방문하였고, 마산과 진주도 방문하였다. 이들의 노력으로 8,500엔이 약정되었는데 원래 모금 목표였던 5,000엔을 훨씬 초과하는 금액이었다. 빅토리아여선교연합회도 곧 자신의 몫을 보낼 것이라 믿으며, 우리는 여학생을 위한 충분한 공간을 확보할 수 있을 것이다. 현재 160명의 재학생이 있으며, 봄이 되면 많은 숫자의 입학신청서가 접수될 것으로 기대한다.

1935년 재정 이월금과 그것보다 조금 적은 우리 도의 교회들이 지난 3월 특별 헌금한 액수를 더하여 기숙사 학생을 위한 3개의 방을 더 지을 수 있었다. 독립된 집을 짓는 것이 더 저렴하여 우리는 현 기숙사 바로 뒤 그러나 조금 더 높은 땅 위에 공사하였다. 방 하나는 온돌이 있는 방으로 환자를 위해 만들었으며, 다른 두 개의 방은 나무 바닥으로 침대로 이 층 붙박이로 만들었다. 좀 더 넓었으면 하는 바람은 있지만 이제 거의 완성이 되어 봄 학기부터 사용할 것이다. 현재 54명의 기숙사생이 있고, 4월에 더 들어올 것이다.

동래 일신 바느질반 Dongnae Ilsin Needle class(Photo: 'The Chronicle', 1937)

기숙사를 책임 맡은 학생은 특별히 잘하고 있고, 능력 있는 기독교인이다. 전에 맡았던 학생들은 보통 2년 동안 그 일을 하다가 결혼하였다. 그녀도 3월이 되면 2년째 되는데 좀 더 오래 일을 할 수 있기를 희망하고 있다.

우리 학교 교직원들이 지역 교회 활동에 적극적으로 참여하고 있다. 상급생 여학생들도 주일학교에서 가르치고 있으며, 이 주변의 5개의 확장 주일학교도 각각 맡아 책임지고 있다.

지난 6개월을 돌아보면 어려운 시기였지만 인도하심을 받아 감사하며, 학교가 계속 운영되는 길이 열리기를 기도하며, 그리스도와 그의 나라 일꾼들을 더 많이 훈련하는 유익함이 증대하기를 바란다.

['더 크로니클', 1937년 3월 1일, 7-8]

世界平和에 對하야

얼마나 여러번 特別히 크리쓰마스를 當할때마다 우리는 「땅우에서는을 기뻐하심을 닙은 사람들이 平和할지어다!」 라고 웨친 天使의 消息 거듭 듣고 외이었는지요. 最近에도 우리는 敎主님 誕生하심을 記念하면 서 그소리를 다시 들어 왔읍니다. 그러나 우리가 요사이 新聞을 읽을 때 이런말이 거이 侮蔑을 當하는것 같읍니다. 이해 劈頭에 西班牙에 무 시무시한 內亂이 勃發해서 다른나라에 까지 퍼질듯한 크다란 念慮를주 고 있읍니다. 事實 그밖에 모든나라도 자칫하면 戰爭을 이르킬듯한 尋 常치않은 雰圍氣를 짓고 있읍니다. 世界를 通해서 이미 예수께서 平和 를 주시러 그곳에 오셨음에도 不拘하고 險惡한 戰雲이 쉬리고있어. 人 心은 恐怖에 떨고있읍니다.

우리는 이것을 압니다. 만은 우리는 무었을 할수있읍니까 우리는 國 會에 言權을 갖어지 못했읍니다. 戰爭일가 平和일가 그것을 判斷할權威 도 갖어지 못했읍니다. 하지만 우리는 各自가 적은 일이라도 할수있으 며 또 各各 적은 도움이 필요읍니다. 우리들의 家庭에서 學校에서 사 랑과 和睦의 雰圍氣를 짓는데 도움이 필수 있읍다. 남의게 苦痛을 심 어주는 性急한 말을 避하고 愉快히 웃고 손을 벌여 모든것을 包容한 다면 그것은 곳 마음의 기쁨과 平和를 가져올 것입니다. 우리들의 感 化는 마치 불스결이 퍼치는 것과같이 우리들의 적은 世界를 버서나널 리 퍼칠것입니다. 또 한거를 더 나아가 多少라도 다른 民族하고 友情 을 키워갈수도 있을 것입니다. 나는 將來에있어 이일이 더욱더 成就해 가기를 바래여 마지않읍니다. 女子基督靑年會의 큰 價値의 一面은 全世 界女姓을 連結싴히는 고리가 되는데 있읍니다. 우리들은 다른나라 婦人 들에 關한것을 더 읽읍시다. 그들을 爲해 빌며 機會있는대로 그들의게 片紙를 씁시다. 그래서 그들을 더 理解해 가도록 모든機會를 노치지맙 시다. 最近 써가 읽은 한冊子엔 全世界의 靑年이 友情의 握手에 손을 더하고 있음을 말했읍니다. 그것은 偉大하고도 야름다운 생각입니다 우 리는 그것을 實現싴히기 爲하여 적은努力이나마 아끼지 맙시다.

代 瑪嘉禮

교지 일신 제9호 1937 데이비스교장 인사말(사진: 동래여자고등학교)

"ON EARTH PEACE"

How often, especially at Christmas time, do we read, or hear repeated the message of the angels "On earth peace, good will toward men"! We have recently been hearing it again, as we remembered the coming of the Prince of peace to the earth Yet, when we read our newspapers, these words seem almost a mockery. At the dawning of this new year fierce, civil war is raging in Spain, there is grave fear that it will spread to other countries, and in practically every nation there is an atmosphere of suspicion that might easily lead to war. Over all the world, to which Christ came to give peace the war clouds loom threatening, and men's hearts are failing them for fear.

We know this, but what can we do? We have no voice in the councils of the nations, no authority to say whether it shall be peace or war. But each of us can do a little, and every little helps. In our own home, in our school we can help to create an atmotphere of love and harmony, avoiding the hasty word that would cause pain, giving the cheerful smile and outstretched hand that will bring comfort and peace of heart. Our influence like widening ripples of water will spread burther than our own little circle. More than this, we can, to some extent, cultivate friendship with those of othtr races. I earnestly hope that there will, in the future, be more and more of this. One of the great values of the Y. W. C. A. is the link that it provides fetween girls all over the world. Let us read more about those of other lands, pray for them write letters to them, when opportunity occurs, and seize every chance of getting to know them. A book I have been reading lately speaks of the youth of all the world joining hands in the clasp of friendship. It is a great and beautiful ideal; let us do our little bit to help make it come true.

M. S. Davies

'Ilsin' Preface by Davies, 1937(Photo: Dongrae Girl's High School)

91. 통영의 새 학교

3월 말이 되자 날씨가 좋아졌다. 내륙과 섬의 산과 언덕이 햇빛 속에 깨끗하게 보였다. 레거트, 리체 그리고 나는 배 위의 그늘을 찾아 앉아 풍경을 감상하며 호주 친구들에 관한 이야기를 나누었다. 우리는 통영으로 가는 길이었다. 배가 거의 한 시간 늦게 출발하였지만 순항하여 시간 가는 줄 몰랐다.

알렉산더가 항구에서 우리를 맞았다. 그녀는 통영으로 돌아온 지 사흘밖에 안 되었지만 벌써 적응하고 있었다. 스키너는 저녁에 있을 발표회 준비로 바빴다. 새 학교를 지나가며 우리는 그녀를 보았고, 성가대의 흥겨운 노랫소리도 들려 왔다. 우리는 오후에 새 학교 건물을 자세히 보았다. 안과 밖이 모두 훌륭하였다. 건물 안의 교실은 밝고 컸으며, 밝은 회색 화강암으로 된 외벽에 치장 벽토를 입혀 깨끗하게 보였다.

비전문가가 볼 때 들어간 비용에 비하여 매우 가치 있는 건물이었다. 아름다운 새 학교를 갖게 된 스키너와 직원들 그리고 학생들의 기쁨에 우리도 동참한다.

공식적인 개교식은 오후 7시 반에 열렸다. 그런데 6시에 스키너는 두 개의 '작은 염려'가 있다고 우리에게 말하였다. 하나는 전기가 작동하지 않는다는 것이었고, 다른 하나는 오늘 저녁 행사를 경찰이 알고 있는지였다. 우리가 생각하기에 이 두 가지는 '큰 염려'였지만, 다행히 둘 다 해결되었다. 전기는 작동되었고, 경찰의 방해도 없는 것을 보니 이미 그들은 알고 있는 듯하였다.

먼저 간단한 헌당예배가 있었다. 다양한 축하와 의식이 있었다. 스키너, 트루딩거, 건축가, 우리의 미감아 집에서 자라고 목수로 일하는 감독관 등이 건축으로 인한 공로상을 받았다. 행사가 진행되는 동안 스키너의 일꾼이 그녀의 개를 붙잡고 앉아있었는데 중간에 개가 뛰어나와 스키너에게 안기며 소동이 일어났다. 우리와 작은 여학생들이 그 모습을 보고 크게 웃었다!

예배 후에 발표회가 이어졌다. 유치원 아이들의 율동과 노래부터 청년의 테너 독창까지 관객들은 모두 즐겼다. 밤 10시 반에 모두 마치었다. 피곤한 어린아이들과 부모 그리고 구경꾼들은 자신의 신발을 찾아 신고 집으로 돌아갔다. 우리 방문객도 기억할만한 이 날을 함께할 수 있어 매우 즐거웠다. 새 학교를 완성한 빅토리아여선교연합회와 통영선교부에 축하를 전한다.

['더 크로니클', 1937년 7월 1일, 4-5]

92. 벨 여사의 '입양 딸' 봉윤이

12년이나 13년 전 이야기이다. 14살의 작고 두려움에 떠는 소녀가 부산진선교부에 도움을 청하였다. 그녀를 데리고 온 교회의 친절한 '도움자'가 그 아이에 관한 슬픈 이야기를 들려주었다. 가난 속에 있던 그 아이의 부친이 그녀 몰래 그녀를 한 부자의 첩으로 팔려고 했다. 그녀는 그 사실을 알자마자 공포 속에 그 마을의 한 기독교인 집으로 도망을 쳤다. 그녀도 기독교인이라 그들을 믿었다. 그 가정은 어찌할 바를 몰라 그 지역 담당자에게 도움을 청하였고, 그는 이 사실을 선교사에게 알렸던 것이다.

봉윤이라 불리는 그 아이를 구조하려면 빠르고 비밀스럽게 움직여야 하였다. 그날 밤 알렉산더가 그녀에게 옷을 갈아 입혀 위장시켜 배를 타고 통영으로 갔다. 그곳에서 그녀는 산업반에 입학하였다. 그곳까지 부친이 따라오지 못하였지만, 나중에 알게 되고는 선교사에게 맡기고 포기하였다. 그러나 그녀는 수년 동안 안전하게 느껴질 때까지 집에 가지 못하였다.

봉윤이는 젊고 똑똑하고 촉망되는 소녀로 통영 선교사들의 사랑을 받았다. 그들은 그녀를 진주로 보내어 정식 학교에 다니게 하였다. 교복은 선교사 친구가 제공하였고, 그녀는 그 학교의 자조반에서 바느질을 하며 자신의 학비와 기숙사비를 냈다. 그녀는 대부분 학생보다 나이도 더 많고, 신앙도 확실하여 영향력을 끼쳤다.

이 시점에서 고향의 벨 여사가 등장한다. 비록 한국에서 멀리 떨어져 있지만, 그녀는 한국선교에 관심이 깊었다. 불행하게 그녀는 자신의 독녀를 잃었고, 그 대신 한국에 '딸'을 입양하여 교육비를 대기로 하였다. 그녀의 친구인 커 선교사가 모친이 없는 봉윤에 관한 이야기를 그녀에게 하였다. 이렇게 호주의 '모친'과 한국의 '딸'이 연결되었고, 시간이 지남에 따라 그 관계는 더욱 끈끈해졌다.

벨 여사의 지원으로 봉윤은 진주의 소학교에서 동래의 중등학교인 제인하퍼기념학교로 갔다. 필자는 이곳에서 그녀를 처음 만났고, 사랑하게 되었다. 진주에서처럼 그녀는 학생에게 선한 영향력을 끼쳤다. 조용하지만 놀랍게도 강한 학생이었다. 매우 총명하지는 않았지만, 반에서 상위권에 들었다. 바느질 기술은 참 훌륭하였고, 진주에서

처럼 자조반을 통하여 자신의 학비를 벌었다.

주일학교 교사로도 그녀는 성공적이었다. 마을의 언덕 소나무 밑에 앉아 아이들을 가르치는 모습이 생생하다. 그녀는 어린이들에게 성경의 이야기를 들려주었고, 아이들은 그녀의 얼굴을 보며 집중하며 들었다.

우리 중등학교에서 4년을 다 마친 봉윤의 다음은 무엇일까? 우리는 궁금하였다. 벨 여사는 지금까지 그녀를 지원하고 있다는 것을 우리가 알고 있기에 또 다른 교육 비용을 요청하기는 무리이다. 그러나 그녀는 호주의 '모친'과 몇 번 편지를 주고받으며 자신은 유치원 교사로 훈련받기 원한다고 하였다. 벨 여사는 즉시 그 비용을 지원하겠다고 약속하였다. 지금까지의 교육비에 두 배나 되는 비용인데도 말이다.

그래서 봉윤은 서울로 가게 되었다. 이화학당 유치원 교사 훈련원 입학시험에 합격한 그녀는 그곳에서 2년간 수학하였다. 그곳의 교사들도 그녀를 높이 평가하였다. 1935년 그녀는 모든 과정을 마쳤고, 즉시 부산진의 유치원 원장으로 부임하였다. 그녀는 이곳에서 1937년 7월까지 신실하게 봉사하였다.

지난해 나는 진주의 친구로부터 편지를 받았다. 그녀의 모친은 배돈기념병원의 부 수간호사로 수년간 일하였고, 자신은 우리를 위하여 종종 옷을 지어주는 여성이다. 편지에 말하기를 자신의 둘째 아들 바울이 봉윤과 결혼하고 싶다는 것이었다! 봉윤이 진주에 있었을 때 서로 알았던 것 같다.

처음에 봉윤은 의심하였지만 결국 동의하였다. 그리고 일 년 전에 동래에서 부산진교회 목사의 사회로 약혼식이 있었다. 결혼식은 3월에 있었는바 부산진의 여선교사들이 자신의 집을 빌려주어 그 앞에서 단체 사진을 촬영하였다.

봄 학기까지 봉윤은 유치원에서 계속 일하였다. 그러나 내가 떠나던 바로 그날, 그녀의 남편은 진주로 데리고 갔다. 그리고 휴가가 끝나자 그들은 하동으로 갔다. 봉윤의 편지와 결혼사진은 내가 빅토리아 고로케의 '모친'에게 가지고 갔다. 그러나 내가 도착하기 전 벨 여사가 사망하여 편지는 전달되지 못하였다. 다음은 그 편지의 일부이다.

"어머니에게,

종달새가 우는 따뜻한 봄날이 지나가고 있습니다. 나뭇잎이 짙푸르러지고 있으며 그 그늘은 깊고 선선합니다…. 한동안 편지를 보내지 못하여 죄송합니다.

결혼 선물로 보내신 오르간을 감동적이고 감사하게 받았습니다. 이런 선물을 받을 자격이 저에게는 없습니다. 어머니의 흘러넘치는 은혜와 사랑에 나는 더 값없이 느껴지며, 그리스도의 사랑을 느낍니다. 우리는 서로 멀리 떨어져 있지만 평범한 이 땅 위의 교제가 아니라 우리를 지키시고 하나로 묶어주시는 그리스도의 사랑이 있기 때문입니다. 어머니의 사랑으로 나의 신앙은 더욱 단단해졌습니다. 오르간을 선하게 사용하며 어머니를 항상 기억할 것입니다. 오르간이 입은 없지만, 어머니에 관해 항상 내게 말해줄 것입니다.

결혼식 날 어머니가 많이 생각났습니다. 저의 부친은 이번에 기독교식 결혼식을 처음 보았습니다. 집을 떠나 있던 지난 10년 동안 저의 부친은 저를 교육하지 않았지만, 저는 이렇게 교육을 받았습니다. 부친은 이런 상황과 기독교식 결혼식을 보고 깊게 인상을 받아 예수를 믿기로 하셨습니다. 그 이후 편지에 그는 교회에 참석하고 있다고 합니다. 나의 눈에는 감사의 눈물이 흘렀습니다. 나는 성경과 찬송가책을 사 그에게 부쳤습니다. 어머니가 좋은 씨앗을 심었고, 이제 열매를 맺고 있습니다. 계속 더 열매를 맺을 것입니다.

박봉윤 결혼 Marriage of Bong Yun Park, 1938(Photo: '더 크로니클', 1938)

결혼식 후에도 유치원은 저를 필요로 하기에 한 학기 더 일하였습니다. 9월에 저는 하동으로 가 그곳에서 가정을 이룰 것입니다. 다시 쓰겠습니다. 저를 위하여 기도해 주십시오. 우리 주님의 은혜를 통하여 평안하시기를 빕니다.

　　당신의 딸 봉윤"

('더 크로니클', 1938년 2월 1일, 5-6)

93. 대리 교장의 보고서

내가 이 보고서를 쓰기 주저하는 것은 이 학교의 사역에 관하여 데이비스만큼 많은 시간의 일과 생각을 하지 못하였기 때문이다. 교장 데이비스의 휴가 동안 수 교사와 교직원은 학교 교육의 수준을 잘 유지하여 나는 큰 인상을 받았다.

지난해 교직원의 변화가 있었다. 7월에 음악 교사가 사직하였고, 그 자리에 이화원을 졸업한 교사가 부임하였다. 3월에는 체육과 미술 교사가 사임하였다. 그 자리에 두 명이 새로 왔는데 그중 한 명이 전 교사였던 스즈키 양이다. 이 두 명은 모두 세례받은 교인이다.

올해 졸업반 학생은 41명으로 기록적이다. 그중 아주 적은 수의 학생만 상급학교로 진학하고, 몇 명은 예비 소학교와 유치원 교사로 간다.

3월에 113명의 여학생이 입학시험을 보았고, 그중 54명만 입학되었다. 113명 대부분이 소학교를 졸업한 학생들이라 우리 학교 수준을 유지할 수 있어 격려되었지만, 이들을 선별하는 작업은 쉽지 않다. 입학한 학생 중 12명이 우리 미션 스쿨 학생이고, 15명은 다른 기독교 가정에서 왔다.

학교의 총학생 수는 181명이며, 그중 65명이 기독교 가정 배경을 가지고 있으며, 58명은 비기독교 가정 출신이지만 기독교인이다.

입학하기 원하는 학생들을 보면 그 필요를 충족하기 위해 큰 교실들이 필요하며, 결국에는 이것이 학교가 재정으로 자립하는 데 도움이 될 것으로 생각한다. 한가지 부족한 사항은 여교사들을 위한 기숙사가 없다는 점이다. 그로 인하여 여관에 머무는 교사도 있는데 그

동래일신 수교사 가족 The headteacher family
(Photo: 'The Chronicle, 1936)

곳은 젊은 여성이 머물기 적절치 않은 곳이다.

3월 말까지 나는 두 개의 영어 회화반을 가르쳤다. 이 기회를 통하여 나는 상급반 학생들을 알게 되었다. 영어 회화 입장에서만 보면 수업이 그렇게 성공적이지는 못하였지만, 서양의 예절 주제를 통하여 배우는 가치 있는 시간이었다.

YWCA도 정기적으로 모이고 있으며, 학교의 매달 첫째와 셋째 월요일 기도회를 이 회원들이 맡고 있다. 이들은 또한 5개의 확장 주일학교도 돌보고 있다. 성탄절에는 부산의 거지들을 도왔고, 동래 주변의 가난한 자들에게 음식과 옷도 나누어 주었다.

지난해 4명의 학생이 세례를 받았고, 9명이 세례 문답반에 들어왔다. 권 양의 지도로 기숙사에서 열리는 주일학교가 부흥하고 있고, 동래 주변의 소녀들도 출석하고 있다. 6월 14일 대구에서 권 목사가와 특별 사경회를 학교에서 인도한다. 이번 사경회가 학생과 교사들에게 큰 축복이 될 수 있도록 우리는 기도한다.

('더 크로니클', 마산, 1938년 6월)

94. 점점 어려워지는 학교 상황

데이비스 양이 한국에서 일한 지 28년이 되었다. 그리고 이번에 6번째로 그녀를 떠나보낸다. 한국은 그녀에서 더는 낯선 나라가 아니다. "그녀는 낯선 일을 하러 가는 것이 아니다."라고 말할 수 있겠지만, 오늘날 한국의 상황은 불확실한 미래로 차 있다.

한국의 정치적이고 종교적인 상황을 이곳에 언급하지는 않겠다. 우리가 가진 정보로 현 상황을 판단하기 어렵고, 미래를 예측하기도 불가능하다. 그러나 우리가 아는 것은 전쟁으로 인하여 일본인의 민족주의가 선교 활동과 한국교회의 자유를 담보하였던 종교적 관대함을 무너트리고 있다.

또한, 미션 스쿨의 위치도 위태롭다는 것을 안다. 데이비스 양이 문제없이 일터로 다시 돌아가는 것이 아니기에 어떤 메시지를 가지고

동래일신 김장 Kimchi Making(Photo: 'The Chronicle', 1937)

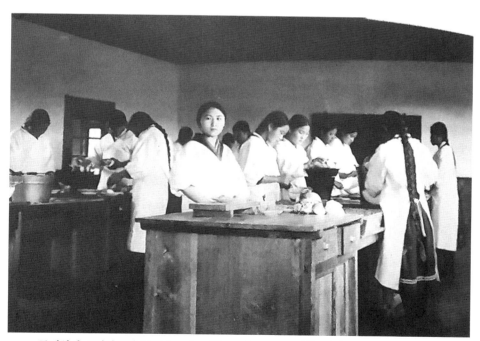

동래일신 요리강습반 Cooking class(Photo: Dongrae Girl's High School)

가도록 말할 수 있을까? 어떤 일이 벌어지던 학교를 더 이상 운영하기 점점 불가능하다고 말할 수 있을까.

데이비스 양의 영향으로 얼마나 많은 여학생의 인격이 성장하며 삶의 수단을 갖추었던가? 학교에서 새로 태어난 학생이 몇 명이었던가? 얼마나 많은 여학생이 유용한 전문적인 직업을 갖게 되고 기독교 가정을 꾸렸던가? 이 모든 것은 남아있고 무너트릴 수 없다.

그녀의 가장 좋은 시절을 다 바쳐 헌신하였던 일이 불행하게 끝난다고 하여도 또 다른 문이 열리지 않겠는가. 예전보다 더 가치 있고, 그 일이 무엇이든 준비되지 않았겠는가.

그러나 그런 일은 안 일어날 수도 있다. 1916년 학교 종교 교육 법안이 생겼을 때 우리의 소학교는 끝이 났다고 생각했었다. 그러나 그 위협은 후에 없어졌다. 큰비와 태풍이 담겨 있을 것 같던 먹구름이 사라진 것이다.

오늘날의 위협은 더 크고 심각하다. 한국교회 생활 전체를 포괄하지만, 하나님의 팔은 구원을 하시기에 절대로 짧지 않다. 하나님의 뜻이라면 이 또한 지나갈 것이다. 그렇게 되기를 우리는 기도한다.

에베소교회가 어려울 때 바울이 주었던 메시지를 데이비스 양이 가져가도록 전한다. "끝으로 너희가 주 안에서와 그 힘의 능력으로 강건하여지고 마귀의 간계를 능히 대적하기 위하여 하나님의 전신 갑주를 입으라. 우리의 씨름은 혈과 육을 상대하는 것이 아니요. 통치자들과 권세들과 이 어둠의 세상 주관자들과 하늘에 있는 악의 영들을 상대함이라. 그러므로 하나님의 전신 갑주를 취하라. 이는 악한 날에 너희가 능히 대적하고 모든 일을 행한 후에 서기 위함이라."(엡 6:10-13)

엘리자베스 캠벨
('더 크로니클', 1938년 9월 1일, 4)

230

95. 신사참배 거부를 확인하다

전체위원회가 보고를 계속하다. 다음의 보고를 채택하다.

(1) 1936년 2월 선언한 우리의 선교 정책 연장선에서 우리는 교회와 학교에서 신사참배를 멀리할 것을 결의한다. 이것은 우리의 확신에서 나온 것으로 신사참배에 내재되어 있는 내용이 하나님의 진리에 위배된다고 우리는 믿으며, 그 진리는 기독교인으로서 증인이 되어야 한다는 우리의 우선 의무와 관련된다.

(2) 더 나아가 우리는 우리의 기독교 증언을 교육 속에서 지속하기 원하며, 우리의 선의와 도움을 일본에 제공하며 우리의 학교를 유지하기 위하여 모든 노력을 기울인다.

회의록을 확인하고, 성경을 읽고, 시편을 찬송하고, 축도 후에 공의회가 휴회하다.

[호주선교사 공의회 회의록, 1939년 1월 10일, 14-15]

The Committee of the Whole continued its report, submitting sections as follows, and the sections were adopted.

(1) That in development of our Mission policy enunciated in February 1936, we now resolve that both in Church and School we dissociate ourselves from attendance at Shrines. This we do from a conviction that in this act of bowing at Shrines there is inherent a token of assent to claims which we believe to be

contrary to the truth of God, truth concerning which it is our primary duty as Christians to bear witness.

(2) That further we seek to maintain our Christian witness in education, and our goodwill and helpfulness to Japan, by every effort to continue our schools.

After confirmation of the minutes, Scripture reading, the singing of a psalm and Benediction, the Council stood adjourned.

('The Records', Jan 10, 1939, 14-15)

96. 일신여고 이사회 결의

동래 일신고등여학교 이사회는 지난 20일 오후 세 시부터 동래일신교 여교장 대마가례 양의 사택에서 열고 장로회 호주선교회의 교육인퇴 결의를 중심으로 중대한 토의를 하였다.

당일 출석한 인사는 경남노회 측의 김석진, 김만일, 김영환 삼 씨와 미순회 측으로 부오란, 나례인, 위대서, 부산일신여학교 교장 대마가례 등 네 명 합 일곱 명이었는데 먼저 일신고녀 대마가례 양으로부터 저번 미순회 총회에서 결의한 '신사참배를 찬성할 수 없는 의사 결정과 이에 따라 학교를 계속 유지할 수 없다'는 결의사항의 보고가 있은 후 그 보고를 중심으로 종종 협의를 거듭한 결과 전기 미순회의 결의가 절대적이 아니고 그 결의는 호주선교 본부의 재가를 얻은 후에야 실행될 것이라는 견지에서 남 선교사 두 명의 반대가 있었다.

오대 이의 다수결로 호주선교사 본부에 동 이사회로서 학교를 계속 경영해달라고 청원을 하기로 결의하였다. 다음 신입생도 종전과 같이 모집하며 현안인 교사 증축도 올해 안으로 실현하기로 결의하고 오후 열 시에 폐회하였다.

이 일신고녀 이사회의 청원을 호주선교본부에서 여하히 할런지는 모르나 학교 관계 선교사들의 계속 경영 희망에 대한 의견도 뒤따라 갈 것이고 호주전도본부에서도 찬부 양론이 대립하고 있는 등의 모든 관계를 보아 학교인퇴는 용의치 않으리라는 결론에 도달하게 되며 이번 일신고녀의 모집결의를 만장일치 한 점은 동교의 경영주권의 여하를 불구하고 동교는 영원히 건존한다는 굳은 신념의 표현이라 해석할 수 있다고 한다.

[조선일보, 1939년 1월 23일, 3]

---

97. 건물 지원금 900파운드 승인

학교 건물을 위한 빅토리아여선교연합회가 약속한 기금 송금을 마가렛 데이비스가 요청하다. 그들은 평상시처럼 학교 교육이 계속되기를 희망하고 있다. 길레스피 양이 동의하고 영 부인이 제청하다. 협의회의 승인하에 900파운드를 가능한 한 빨리 보내기로 통과시키다.

빅토리아여선교연합회 연례회

3월 21일, 총회 회관.

('더 크로니클', 1939년 4월 1일, 8)

Promised for school building

Miss Margaret Davies wrote asking that money promised by PWMU for school building be sent out. They are still hoping and praying that the schools may be kept open and are carrying on as if they would be.

Miss Gillespie moved and Mrs. Young seconded, that, with the approval of Council, money (about 900 pound), as promised for school building, be sent out as soon as possible. Agreed.

(Minutes of PWMU General Committee, The Assembly Hall, March 21st)

---

98. 경남여전도연합회 총회

수년 전 우리 학교 학생이었던 여학생들이 이제 변화된 얼굴의 중년이 되어 다른 여성들과 함께 모였다. 각 지역의 여성 대표들이 경남여전도연합회 총회에 참석한 것이다. 거의 200명 정도가 동래교회에 모였다. 각 여성과 각 부인전도회 지부는 여러 가지 상황을 고려하여 희생하고 온 것이다. 3명의 여성은 90마일을 걸어왔고, 회장은 그들을 일으켜 세워 박수를 보냈다.

지난해에 이어 올해도 회장으로 뽑힌 여성은 복음농업학교 윤인구 목사 부인이다. 그녀는 지적이고 교육을 잘 받은 젊은 여성으로 자신의 목소리를 분명하게 낸다. '예수를 바라보자'라는 화요일 저녁 개회사부터 수요일 오후 마지막까지 그녀는 회의를 잘 인도하였으며 회무를 신속하고 효율적으로 처리하였다.

교회당 뒷자리에는 목사와 형사들이 앉아있었지만, 여성들은 기죽지 않고 회의에 참여하였다. 목사들은 물론 그 옆에 앉아있는 남성들보다 여성들의 전도 활동에 진실한 관심을 가지고 지켜보았다.

가장 큰 관심사는 올해의 전도 계획이었다. 각 지부의 부인전도회는 중국의 여선교사를 지원하는 것 외에 우리 도의 전도부인이나 전도인을 지원하고 있고, 각 처에 일곱 교회를 세우는 역할을 하였다. 회장은 그러나 전년도에는 어떤 전도인도 임명하지 못하였다고 밝혔다. 필요는 여전하고 봉급도 준비되어 있었지만 적절한 여성이나 남성이 없었다고 하였다.

그러나 이제 한 명을 임명할 수 있다고 하면서 어느 지역으로 보낼 것인지 물었다. 한 젊은 여성이 감동적인 호소를 하였다. 그녀는 눈물을 보이며 자신이 있는 마산지역의 한 마을에 연약한 교회가 있다고 하면서 시급한 도움이 필요하다고 말하였다. 그러나 거창에서도 이번엔 자신들 지역에 전도인을 보낼 차례라고 하면서, 어느 지역보다 복음을 들을 기회를 얻지 못한 소외된 사람이 많다고 하였다.

이번에는 진주에서 호소하였다. "많은 교회가 문을 닫고 있습니다. 선교의 영향이 매우 적습니다. 부인전도회가 순회 목회자를 보내주어 교회당을 다시 열고 교인들을 격려하지 않겠습니까?" 거창 대표들의 호소가 가장 절박하게 들렸지만, 이 어려운 문제는 결국 임원회로 넘겨졌다.

회장은 수요일 저녁 식사 전에 회의를 마치려고 서둘렀다. 회무를 마치기 전 회계는 각 지부가 납부한 회비 현황을 발표하였다. 회장이 말하였다. "어려운 상황이기에 올해 회비는 500~600엔 정도 모일 것으로 예상했습니다. 그러나 작년보다 더 많은 1,020엔입니다. 하나님의 선하심으로 인하여 우리는 찬양합니다." 이것으로 총회는 기쁜 모습으로 모두 마치었다.

후에 임원회에서는 두 명의 선교사를 파송하기로 하였다. 한 명은 만주의 조선인들을 위하여 그리고 다른 한 명은 순회 전도자로 진주의 교회들을 방문한 후 거창 지역으로 보내기로 한 것이다.

('더 크로니클', 1939년 8월 1일, 2)

경남여전도연합회 발자취 Kyungnam Women's Mission Union

99. 위기의 학교

마가렛 데이비스는 1910년 교육가로 한국에 갔다. 문학석사와 교육학 학사라는 학문적 자격 외에 정신적으로 그리고 도덕적으로 그녀는 한국의 어느 여학교에서라도 교장을 할 수 있다. 우리의 교육학 교수 중 한 명이 말하기를 그녀는 자신에게 배운 훌륭한 교육가 중의 한 명이라 하였다. 그녀를 말할 때 종종 '정치가의 두뇌'라고 한다.

동래의 제인 하퍼 기념학교 교장으로 그녀는 우리 빅토리아 교회가 오직 하나 한국에서 운영하는 중등학교를 책임 맡고 있다. 그녀의 활동은 많은 여학생이 후에 책임 있는 자리에서 일하게 하고 있다. 그녀가 호주에서 휴가를 보내는 동안 그 학교 학생들은 여섯 개의 확장 주일학교를 운영하였다. 학교에는 현재 182명의 재학생이 있다. 보통 이보다 더 많은 숫자이지만 올해 초 신입생을 받지 못하였다. 그만큼 미래가 불확실한 것이다.

데이비스 양의 평생의 업적인 이 학교는 매우 엄중한 시기를 지나고 있으며, 책임을 진 지도자들이 지혜롭게 앞날을 결정하도록 우리의 기도를 요청하고 있다.

['더 크로니클', 1939년 9월 1일, 6]

마가렛 데이비스 M Davies
(Photo: 'The Chronicle', 1938)

100. 호주조사단의 방문

　　호주선교회에서는 교육인퇴를 하야 경남 각지에 있는 교육기관에서 손을 끊고 동래일신여학교를 비롯하야 부산진 마산 진주 등지의 보통과의 시설을 앞으로 3년간 무상 대부하기로 하야 7월 31일부터 소학교에 편입되어 각기 교수를 하고 있는 데 그중 가장 큰 문제인 동래일신여학교의 시설(시가 십오만 원) 전부를 경남노회에서 무상 양도하느냐? 시가대로 팔 것인가? 또는 양도도 매매도 하지 않고 그대로 둘 것인가?를 정식 결정할 호주 미순회에서 특파한 조사원이 지난 20일 오후 6시 입항 관부연락선으로 부산에 상륙하였다.

　　교육기관을 처분하고 또는 선교사업의 전반적인 퇴각의 열쇠를 가진 조사단을 기자가 작교까지 출영하야 '안다선' 목사(조지 앤더슨 - 역자 주)와 다음과 같은 문답이 있었다.

　　문, 장거리 여행 얼마나 피곤하십니까?
　　답, 한 달 전에 호주서 떠났는데 일본서 일 주간 쉬어오니 그렇게 피곤하지 않습니다.
　　문, 오시는 목적은 잘압니다만은 부산서 며칠이나 머물겠습니까?
　　답, 4일간 머물겠습니다.
　　문, 실지 시찰을 마치고 어디서 회합합니까?
　　답, 10월 10일 마산서 회합할 것입니다.
　　문, 호주에서는 이번 오시는 일에 대하야 어떤 생각을 하십니까?
　　답, 그런 말은 아직 발표할 수 없소.

문, 신사참배문제로 교육 사업뿐 아니라 선교사업도 인퇴하려고 생각하니까?

답, 그것도 말할 수 없소.

문, 조사한 결과를 결정 발표할 것입니까?

답, 문서로 발표할 것입니다.

문, 조선에서 얼마나 계시겠습니까?

답, 한 달 동안 있겠소.

문, 그러면 모든 문제를 조사한 후가 아니면 말할 수 없다는 것이지요.

답, 그렇습니다.

끝으로 당신과 유서 깊은 조선에 왔으니 모든 문제를 조선 사람을 위하야 유리하게 처결하기를 바랍니다 하는 인사를 하니 물론 잘 알고 있습니다 라고 겸손한 태도로 부산진 선교사 집으로 들어갔다.

[동아일보, 1939년 9월 24일, 3]

101. 교사 지원금

제인 하퍼 기념학교와 관련되어 교사들에게 지원금을 지급하기로 하다. 이 지원은 12월 말까지 혹은 필요하면 내년 3월까지 하기로 하다.

빅토리아여선교연합회 위원회
9월 12일, 총회 회관.
(['더 크로니클', 1939년 10월 2일, 17)

102. 학교를 매각하다

동래일신여학교의 학부모회 위원회로부터 요청이 접수됨. 요청은 선교회가 학교의 대지, 건물, 설비, 교장 사택 그리고 기숙사를 그들에게 매각할 것과 그들은 이 모든 재산을 법인에 넣고, 지금처럼 지정된 기독교 학교로 운영할 것이라고 함.

학부모회의 제안을 통한 새 상황이 발생하였고, 선교회 회원 대다수가 이미 동의하고 있고, 빅토리아여선교연합회 임원회도 매각 승인을 전보로 알려왔으므로 학부모회에 5만 엔 현금으로 매각하기로 동의하다. 학교가 현재 사용하고 있는 울타리 안의 대지와 학교 건물, 기숙사 그리고 교장의 사택이 포함된다.

학교 설비는 모두 선물로 주되 몇 가지 결정한 것은 보관한다.

매각대금은 1939년 12월 30일까지 완납한다. 법률과 양도 비용은 구매자가 부담한다.

학교 재정 지원은 1940년 3월까지 계속한다.

회장과 데이비스 양이 하퍼 스쿨 위원회에 이 결정을 알리기로 요청하다.

1월 임원회에서 학교 대금으로 받을 5만 엔을 어떻게 사용할지 계획하기로 동의하다.

[호주선교사 공의회 회의록, 부산진, 1939년 11월 14~15일]

---

103. 사표를 내다

마가렛 데이비스가 사표를 내다. 임원회는 여선교연합회 위원회에 한국에서의 사역을 잃어버리게 됨을 크게 상심하며 그녀의 사직서를 받기로 추천하다. 그러나 그녀는 자신의 모친 애니 데이비스와 함께 하게 되어 기쁘고, 한국의 선교를 계속 지원할 것이다.

한국을 위하여 데이비스 양이 한 놀라운 사역과 그녀를 사랑하는 한국인에 관한 깊은 감사가 표현되었다. 케인즈 여사는 매우 안타깝지만 사직서를 받아들이기로 동의하다. 번즈 여사가 제청하여 통과되다.

빅토리아여선교연합회 위원회
12월 12일, 총회 회관.
['더 크로니클', 1940년 2월 1일, 14]

Resignation

Miss Margaret Davies had sent in her resignation. Executive agreed to recommend to General Committee that her resignation be accepted with great regret at the loss to the work in Korea, but pleasure that she would be with her mother and would continue to help the work in Korea.

Many tributes of deep appreciation of the wonderful work done by Miss Davies for Korea were made, and of the great love of the Koreans for her. Mrs. Cairns moved that the resignation be accepted with great regret. This was seconded by Mrs. Burns and carried.

Minutes of Meeting of PWMU General Committee
The Assembly Hall, Dec 12, 1939.
('The Chronicle', Feb 1, 1940, 14)

104. 학교 건물의 가치

11월 초 캠벨 양으로부터 다음과 같은 전보가 왔다.
"학부모회는 최근 동래 학교 건물을 50,000엔으로 제안. 임원회는 승인 여부를 전보로 신속히 알려 달라."

지난 11월 임원회에서 이 안을 논의하였고 다음과 같은 답장을 보냈다.

"임원회는 제안을 받기로 추천한다. 길레스피."

이 안건을 다룬 캠벨 양의 편지를 읽었고, 스코트 양은 그 금액에 도달한 경위에 대하여 설명하다. 임원회의 실행을 승인하다.

빅토리아여선교연합회 위원회

12월 12일, 총회 회관.

('더 크로니클', 1940년 2월 1일, 14)

105. 신사참배는 애국 행위?

다음과 같은 질문이 어떤 회원들에게서 왔다. 우리의 한국 선교공의회는 왜 우리 학교의 학생들을 신도 앞에 데리고 나가지 않는가? 신사참배 거부로 학교 운영권을 잃을 수 있는데 말이다. 정부의 확인대로 신사참배는 오직 애국의 행위이지 종교적 행위가 아니라는 것을 수용하면 문제없을 텐데 말이다. 그리고 (한국을 방문한) 우리 대표단은 왜 공의회의 입장을 지지하는가.

양심의 행위를 설명하기는 쉽지 않지만, 다른 입장을 가진 사람들을 정죄하지 않으면서 말하자면 장로회 선교회들은 전체적으로 하나님의 통치를 이러한 방법으로 증거하는 사명을 받았다고 생각하고 있다. 신사참배를 통하여 사람들의 마음을 국가에 완전히 순복하게 하는데 사용될 수 있다. 우리 선교회는 이 행위를 우리가 절대로 따르는 하나님의 주권을 부인하는 행위로 보고 있다. 이 특별한 증거는 아마 장로교회의 유산일 수 있다. 스코틀랜드의 성약자들이 오늘날에도 교회의 영감으로 남아있다.

('더 크로니클', 1940년 4월 1일, 2)

Nonconformity in Korea

It has been asked why our Mission Council in Korea decided that they could not allow the scholars in our schools to be taken to the Shinto shrines, though the refusal meant losing control of the schools, when other missions were able to accept the assurance of the (Japanese) Government that the Act was patriotic only, not religious. Why, also, the delegation supported the Council in its attitude.

It is difficult to explain the working of conscience, but it is the fact that, without condemning others who take a different view, the Presbyterian missions as a whole have felt that it has been given to them to witness in this way to the sovereignty of God. The observance at the shrines are being used as a method of moulding the minds of the people to perfect subservience to the State, and our mission sees in this a denial of the right of God to our supreme loyalty.

Perhaps it is the heritage of Presbyterians to give this particular witness, as the Covenanters gave it in Scotland, and remain the inspiration of the Church to this day.

('The Chronicle', April 1, 1940, 2)

106. 여학생들의 영혼을 위하여

마가렛의 성경은 1907년의 킹 제임스 판인데, 케임브리지대학교 출판사에서 출판한 성경으로 가격은 2실링이다. 이 책은 그녀의 책상 위에 열린 채로 놓여있는데, 출애굽기 20장이다.

4절: 너는 너를 위하여 어떤 새긴 형상도 만들지 말고 또 위로 하늘에 있는 것이나 아래로 땅에 있는 것이나 땅 아래 물속에 있는 것의 어떤 모습이든지 만들지 말며

5절: 그것들에게 절하지 말고 그것들을 섬기지 말라. 나 곧 주 네 하나님은 질투하는 하나님이니라. 나는 나를 미워하는 자들에게는 아버지들의 불법을 자손들에게 벌하여 삼사 대까지 이르게 하거니와….

1939년 6월이었다. 하퍼기념학교 교장 마가렛은 이 계명을 읽고, '여학생'들의 영혼을 위하여 기도하였다. 한국의 일본 정부는 학교 이사회에 마가렛을 6월에 은퇴시키라고 요구하였고, 학교는 7월 31일

월요일에 폐교된다고 하달하였다. 마가렛은 그녀의 스타일대로 온화하고, 은혜롭고, 겸손하게 은퇴하였다.

학교 이사회와 학부모들은 학교가 문을 닫는 것을 원치 않았다. 그들은 매매자가 동래의 한 공동체였고, 빅토리아장로교가 매입할 때의 매매계약서를 다시 읽어보았다. 계약서에는 다음의 조항이 있었는바, 학교가 문을 닫게 될 경우 부지와 부지 위에 있는 모든 건물을 다시 동래의 공동체로 매입할 때의 저렴한 가격으로 돌려준다는 것이었다. 50,000엔에 결국 합의되었고, 학교는 원래 소유자에게 돌아갔다.

그리고 학교는 동래고등여학교로 개명되어 종교 교육은 끝이 났고, 일본인 교장이 임명되었다. 학교 전체가 매일 신사에 참배하고 일본 국가를 불렀고, 동방요배를 하였다. 학교는 곧 '승인'된 지위를 가졌다.

학교 이관 중에 학술 행정의 문제가 야기되자, 이사회는 마가렛을 임시 외부 자문관으로 요청하여 1940년 3월 학기 말까지 도움을 받았다. 마가렛의 환송회에는 많은 오랜 친구들이 참석하여 성황을 이루었다. 그녀는 그 자리에서 박봉윤과 그의 남편을 보게 되어 놀랐는데, 그들은 환송식에 참석하려고 하동에서부터 왔다.

[톰슨-그레이. 244-255]

107. 회의록에 기록하다

거의 30년 전 마가렛 샌드먼 데이비스가 한국에 왔을 때 이곳 기독교인들은 그녀가 우리의 개척 선교사 헨리 데이비스 목사의 조카인 것에 매우 큰 관심을 보였다. 그녀의 한글 이름 '대'를 선택할 때 '대신하다'라는 의미였는바, 그녀의 큰 삼촌이 순교한 곳에 와 일할 것이기 때문이었다. 그녀의 한국어 교사인 장로가 말하였다. "맞습니다. 그리고 그리스도를 대신하기도 합니다."

그녀가 한국을 떠나므로 우리는 친구로 동역자로 그리고 선교사로 따뜻한 감사와 동시에 일을 마칠 수밖에 없는 상황에 대한 유감의 기록을 이곳에 남긴다. 그녀의 충성심과 신실함은 그녀의 탁월한 자질이었다. 그리고 많은 한국인 친구는 "그녀는 좋은 듣는 귀를 가졌습니다."라고 말하며 그녀에 대한 애정과 감사를 표하였다.

그녀가 그렇게 오랫동안 헌신하였던 학교가 더 이상 기독교 학교가 아님을 유감으로 생각하지만, 그녀의 참된 사역, 학생들의 삶에 기독교인의 자질을 키우는 일은 그리스도가 다시 오실 때까지 계속될 것이다. 비록 한국을 떠나지만, 이 땅을 위한 그녀의 즐거운 봉사는 계속되기를 기도한다.

[호주선교사 공의회, 부산진, 1940년 6월 25일, 32]

Minute on the Retirement

When Margaret Sandeman Davies came to Korea nearly thirty years ago, the Christians were very interested to hear that she was the niece of our pioneer missionary, the Rev. Henry Davies. When choosing her Korean name it was decided to make it 'Dai', meaning 'a substitude', as she had come to work in the place where her uncle's life had been laid down. "Yes, and instead of Christ" said the elder who was her language teacher.

As she leaves Korea, we place on record our warm appreciation of her as a friend, fellow-worker and missionary, and our deep regret that on account of family circumstances her work here finishes and she leaves for the home land. Her lloyaltu and faithfulness have been her outstanding quailities. And more than one Korean friend has expressed appreciation of her loving sympathy by saying "she is such a good listener".

It is matter for regret that the school in which she laboured for so long is now no longer in Christian hands; but her real work, the building of Christian character goes on in the lives of the girls she taught and through them in others, until the day of Jesus Christ. We pray that she may have much joyous service still for Korea, through absent from it.

('The Records', Busanjin, 25 June, 19940, 32)

108. 일신이란 이름

    동래 학교에서 졸업식이 어렵게 마쳤다. 데이비스 양은 부산진에
서 휴식을 취한 후에 지방에 있는 학교 졸업생들을 만나러 갔다.
    학교는 새 이사회가 조직되어 다시 열렸다. 더 이상 지정학교도 아
니고, 예전 이름 '일신'도 쓸 수도 없고, 대부분 교사가 떠났다.

('더 크로니클', 1940년 7월 1일, 11-12)

인수 후의 동래고등여학교 개교식 After the transfer, 1940
(Photo: Dongrae Girl's High School)

109. 한국을 떠나다

7월 27일 토요일, 데이비스 양, 스키너 양, 그리고 위더스 양이 한국을 떠나 멜버른에 무사히 그리고 행복하게 도착하였다.

('더 크로니클', 1940년 8월 1일, 2)

Leaving Korea

Miss Davies, Miss Skinner and Miss Withers arrived well and happy in Melbourne on Saturday 27th July.

('The Chronicle', August 1, 1940, 2)

110. 환영식

8월 5일 월요일, 여선교연합회는 총회 회관에서 그들을 환영하는 대회를 개최하였다…. 데이비스 양은 한국에서의 지난 2년 동안은 폭

풍과 압박의 시간이었다고 말하였다. 자신의 일을 떠나기는 쉽지 않았지만, 다른 길이 열릴 것으로 믿었다. 그리고 자신이 가르친 졸업생들의 집을 방문하며 큰 격려를 받았다고 하였다. 어떤 학생은 교사가 되어있고, 어떤 학생은 간호사가 되어있고, 어떤 학생은 결혼하여 가정을 꾸리기도 하였다.

동창회와 학부모회에서 그녀를 환송 저녁 식사를 초청하였고, 회장은 그동안의 교육이 얼마나 가치 있었는지 말하였다고 한다. 빅토리아여선교연합회에도 감사한다고 하였다. 그들은 데이비스 양에게 멋진 꽃병과 책장을 선물하였는데 한국어로 감사의 말이 쓰여 있다.

('더 크로니클', 1940년 9월 2일, 6)

Years of storm and stress

Miss Davies has come home to live amongst us. Her memorial will be the lives of the women she has taught and influenced. Wherever her work in the future, she will still be furthering the Kingdom of Heaven.

Miss Davies, in answering, spoke of her two last years in Korea as years of storm and stress. It had been a wrench to leave her work; there were other avenues of service that would have opened up; but she had been greatly cheered as she visited former students in their own homes-teachers and nurses, and married women.

Ay a farewell dinner given be the Old Girls' Association and the Parents' Association, the chairman told how they valued the work of education which had been done, and they wished to send some token of their gratitude to the PWMU. Miss Davies then presented a handsome vase and a book-case, accompanied by an address in Korean.

('The Chronicle', Sept 2, 1940, 6)

111. '더 크로니클' 편집인이 되다

데이비스 양은 은퇴한 선교사이다. 그녀는 지난 연례회의에서 '더 크로니클' 선교지 편집인으로 임명되었다. 명예 수고비로 매주 1파운드를 지급하기로 하다. 승인되다.

빅토리아여선교연합회 위원회

1941년 6월 17일. 총회 회관.
('더 크로니클', 1941년 7월 1일, 13)

Appointed to the Editor of the 'Chronicle'

Miss Davies is a retired missionary. She was appointed Editor of the 'Chronicle' by Annual Meeting. It is recommended that she receive an honorarium of one pound a week while she edits the 'Chronicle'. Approved.

Minutes of the General Committee Meeting

The Assembly Hall, June 17, 1941.

['The Chronicle', July 1, 1941, 13]

112. 여성선교사 훈련원

여성 선교사와 디커니스를 훈련하는 일은 어느 교회에서나 가장 중요한 일이다. 멜버른에서는 우리의 훈련원(Traning College), 97 Rathdown Street, Carlton, 에서 그 일을 하고 있다. 이 훈련원은 이제 고 로란드 목사를 기억하며 '로란드 하우스'로 부른다.

우리의 많은 독자는 로란드 하우스를 보았을 것이다. 아직 방문하지 못한 회원은 이른 시일에 꼭 한번 방문하기를 바란다. 특히 사랑스러운 채플과 증축된 매력적인 새 동을 살펴보면 좋겠다. 나는 그곳에서 한 달을 지낸 특권을 가졌으며, 내가 받은 인상을 여러분과 나누기 원한다.

먼저 나는 이곳을 집이라 부르겠다. 원근각처에서 온 학생들이 다

있고, 그들은 대부분 이곳에 와 서로 처음 만났다. 그러나 이곳의 분위기는 진짜 집 같으며, 거주자들의 가식 없는 친절함으로 낯설거나 소외된 느낌이 없다. 이곳에서 맺은 우정은 아마 평생 갈 것이다. 이곳을 가정으로 여기는 몇 친구들과의 관계는 학생이나 사감에게 큰 장점이다. 모레톤 양, 커크우드 양 그리고 던 양은 너무 바빠 식사 시간 정도에만 만날 수 있지만, 이들의 존재는 이곳의 '가정생활'에 참 기쁨이다. 또한, 이곳을 효과적으로 잘 관리해주는 실케 양의 요리에도 감사하다. 15명의 배고픈 학생들이 긴 식탁에 앉아 충분히 공급되는 맛있는 식사를 하며 웃고 떠든다.

로란드 하우스는 열심히 일하는 곳이다. 이른 아침 계단에서 즐거운 노랫소리가 들리지만, 노래만 하는 것이 아니라 몸도 쓴다! 쓸고 닦고 아침 식사 전에 청소하는 것이다. 식사 후에는 즉시 채플에 모여 경건회를 갖는다. 그리고 온종일 다양한 강의와 실습이 이어지고, 저녁 식사 후에는 학생들이 돌아가며 인도하는 '가정예배'가 있다. 그 후에는 학생들 각자 공부를 한다.

모든 활동에 자신의 주님을 섬기려는 영이 배어있고, 미래의 사역을 위하여 온전히 갖추려는 강한 의지가 각 학생에게 나타난다. 채플에서의 예배는 모든 협동 생활의 중심이고, 자신이 맡은 예배를 인도할 때 그것이 명백히 드러난다.

우리의 여성 사역자를 훈련하는 일에 교회의 모든 회원이 관심을 가져야 하며, 최선을 다하여 도와야 한다. 여성 자원봉사회는 8월 8일 우리가 실제적인 관심을 보일 기회를 마련한다고 한다. 길레스피 양의 초청을 여러분이 받을 것이며, 이 노력에 협력을 호소하는 그 초청에 여러분이 응답하기 바란다.

['더 크로니클', 1941년 8월 1일, 11]

113. 애니 데이비스 추모사

세상 적으로 말하면 나이가 매우 많았던 분을 추모하기 위하여 우리는 오늘 이 자리에 모였다. 그녀의 삶과 가족은 정말 우리를 빅토리아교회의 초기로 데려간다. 그녀의 부친은 우리 교회의 설립 10년 전에 호주에 왔다. 그는 이 땅에 인구가 증가하는 것을 보았고, 1851년 금이 발견되고 힘든 개척의 시절을 보냈다. 그리고 얼마 후에 침체를 겪었고, 어려움을 경험하였다. 이 모든 과정에서 그는 그리스도의 신실한 목자로 자신의 일을 감당하였다.

토마스 헤이스티 목사는 스코틀랜드교회의 콜로니얼위원회로부터 1842년 반 디멘 지역의 목사로 임명되었다. 그곳에서 그는 5년 정도 일하다가 버닝용 부근의 양을 치는 농장주들로부터 초청을 받았다. 이 부름에 그가 응답하여 1847년 포트 필립으로 왔다. 그곳에서 그는 제임스 포브스 목사와 함께 자유교회를 세웠다. 당시 호주의 자유장로교회 시노드는 헤이스티 씨와 다른 두 명의 목사 그리고 한 명의 장로로 구성되어있었다. 1859년 그는 많이 성장한 자유교회 시노드 회원이었고, 그 교회는 빅토리아장로교회로 합하게 되었다. 1865년 헤이스티는 총회장으로 선출되었다. 당시 애니는 그의 딸로 어린 아기였다.

바바라 애니 헤이스티는 존 조지 데이비스 목사의 아내가 되었다. 교회 목회, 다양한 경험 그리고 선교지 방문 등의 오랜 사역 동안 그녀는 신실한 협력자였고, 여러 곳에서 큰 발자취를 남기었다.

데이비스 부인을 말하면서 장로교여선교연합회를 언급 안 할 수 없다. 이곳에 모인 모두는 우리 교회의 생활에 여선교연합회의 크고 계속되는 중요성을 잘 알고 있다. 그녀는 1890년 이 연합회가 설립되는데 함께 하였다. 그때부터 그녀는 연합회의 임원으로 후에는 주총회의 장로로 실제적인 영향력을 행사하였다.

그녀의 선교 활동을 좀 더 자세히 들여다보면 그녀는 선교사들과 활동적으로 협력하였고, 그들의 활동 내용을 정확히 알고 있었다. 그녀는 그들과 그들의 아이들에게 개인적인 관심을 가졌다. 그녀는 나중에까지 이 관계를 놀라울 정도로 지속하였다.

데이비스 부인은 한국을 세 번 방문하였다. 그녀는 한번 방문할 때마다 오랜 기간 시골 지역에 거주하였고, 많은 한국인과 친분을 맺었다. 이 모든 것을 차지하여도 그녀는 자신의 두 딸 데이비스와 진을 한국에 선교사로 보냈다.

우리가 부르는 찬송가 중 "마침내 휴식이 찾아온다. 인생은 길고 지루할지라도"라는 가사가 있다. 데이비스 부인에게 이 가사는 맞지 않을 것이다. 인생에 피곤함이 있기는 하지만 진정한 기독교인의 영은 절망이 담겨 있는 지루함은 없다. 그리고 휴식은 놀라운 선물로 하나님이 주신 것이다.

히브리서 기자는 말한다. "그런즉 안식할 때가 하나님의 백성에게 남아있도다. 이미 그의 안식에 들어간 자는 하나님이 자기의 일을 쉬심과 같이 그도 자기의 일을 쉬느니라." 이 말씀의 단어는 신약의 다른 어느 곳에도 찾을 수 없다. '안식일의 휴식'이란 뜻이다. 이 말은 다른 의미를 포함하여 이제 다 완성했다는 의미이다. 하나님이 창조를 다 하시고 쉬듯이 말이다. 우리의 친구도 다 마쳤다. 그리고 하나님이 쉼을 주셨다. 하나님이 그녀를 불렀던 그 자리에 무언가 더 기쁜 일을 주실 것이다.

조지 앤더슨

('더 크로니클', 1957년 2월, 2)

114. 마가렛 데이비스 추모사

　빅토리아여선교연합회 위원회는 그들이 사랑한 선교사이자 동역자인 고 마가렛 데이비스 양의 사역과 일생으로 인하여 하나님께 감사하며 다음과 같은 기록을 남기기 원한다.

　마가렛 데이비스는 존 데이비스 목사 부부의 딸로 알란스포드 사택에서 태어났다. 그녀의 외조부인 헤이스티 목사는 우리의 개척자 목사 중 한 명이며, 그녀의 큰 아버지 헨리 데이비스 목사는 빅토리아 교회에서 파송된 첫 한국 선교사이다. 그녀의 고모는 인도 선교지에

마가렛 데이비스 가족무덤 Davies Family Grave, Melbourne.

서 일하였다.

마가렛은 어릴 적부터 자신을 그리스도께 헌신하였고, 부친의 교회인 코룸부라에서 매우 어린 성찬자로 받아들여졌다. 그녀를 어릴 적부터 아는 사람들은 그녀의 선한 것 외에 다른 점을 알지 못한다. 그녀는 프레스비테리안 레이디스 칼리지와 멜버른대학교에서 공부하였고, 문학석사와 교육학 학사를 취득하였다. 그리고 디커니스훈련원에서 몇 달간 훈련을 받았다.

가문의 선교사 전통에 따라 그녀는 1910년 생일 선교사로 한국에 파송되었고, 동래의 제인 하퍼 중등학교를 책임 맡았다. 정치적인 이유로 학교는 1938년 문을 닫았고, 그녀는 호주로 귀국하였다.

그 후 그녀는 국내의 사역에 온 마음을 다하여 일하였다. 그녀는 빅토리아여선교연합회 임원으로 수년간 봉사하였고, '더 크로니클'의 편집인이었고, 기도모임위원회의 위원장이었다. 사망할 당시 그녀는 볼윈 지부와 목사관의 딸 연합회 회장이었다.

그녀의 관심은 자신의 교회 선교에만 국한되지 않았다. 그녀는 여선교연합회를 대표하여 세계여성 기도의 날 위원회에 참가하였고, 초교파적 여성연합회에서 활동하였다.

그녀의 강인한 기독교 신앙과 헌신 된 일생은 오래 기억될 것이다. 그녀는 많은 사랑을 받았기에 더 크게 그리움을 받을 것이다. 하늘의 아버지께서 그녀의 동생 진과 다른 가족을 위로하시기를 기도한다.

('더 크로니클', 1963년 8월, 2)

Memorial Minute

The members of General Committee of the PWMU desire to place on record their gratitude to God for the life and work of their loved missionary and follow-worker the late Miss Margaret S. Davies, who has been called from her earthly labours to higher service.

Margaret Davies was born in the Allansford Manse, the home of her parents, Rev. J. G. Davies and Mrs. Davies. Her grandfather, Rev. T. Hastie, was one of our pioneer ministers, and her uncle Rev. Henry Davies, was the first missionary to Korea from the Victorian Church; an Aunt served on a mission field in India.

Margaret early gave her heart to Christ, and was received as a very young communicant in her father's Korumburra. Those who knew her well from infancy never knew her to be anything but good. She was educated at PLC and the Melbourne University, where she obtained her M.A. degree and the Diploma of Education, and then spent a few months at the Deaconess Training Institute.

Following her missionary tradition, she went out to Korea in 1910 as the Birthday Missionary, and was in charge of the Jane B. Harper Secondary School in Tongnai. For political reasons the school was closed in 1938, and she returned to Australia.

She threw herself whole-heartedly into the work at home. She was the member of the Executive of the PWMU for many years, Editor of 'the Chronicle', and Convener of the Prayer Meeting Committee. At the time of her death she was President of the Balwyn Branch, and also of the Daughters of Manse Association.

Her interests were not limited to the work of her own Church, as she represented the PWMU on the Women's World Day of

Prayer Committee, and the Women's Inter-Church Council.

Her firm Christian character and her life full of loving service will long be remembered. She will be greatly missed for she was greatly loved. We recommend her sister Jean and the other members of her family to the comfort of our Heavenly Father.

('The Chronicle', August, 1963, 2)

---

115. 건국훈장 애족장을 받다

국가보훈부는 "일제강점기, 부산진일신여학교(이하 '일신여학교')의 3·1운동을 도운 호주 선교사 마가렛 샌더먼 데이비스(2022년 애족장), 이사벨라 멘지스(2022년 건국포장), 데이지 호킹(2022년 건국포장)을 <2024년 3월의 독립운동가>로 선정했다"고 밝혔다.

1919년 서울에서 인쇄된 독립선언서가 부산과 마산지역에 전달되었으며, 서울에서 내려온 학생대표들은 부산 학생대표들을 만나 만세 시위를 촉구했다. 이에 따라 일신여학교 교사와 학생들은 3월 11일 저녁, 사전에 준비한 태극기를 들고 '독립 만세'를 외치며 만세 시위를 전개했다.

호주 빅토리아주 출생(1887년)의 마가렛 샌더먼 데이비스는 1910년 호주 선교사로 부산에 파견, 일신여학교 교무주임을 지내다

3.1운동을 도운 호주의 독립운동가 Calendar of the Ministry of Patriot and Veterans Office of the Korean Government(Photo: 국가보훈부, 2024)

1914년부터 교장을 맡았다.

또한, 1919년 3월 11일 학생들의 만세 시위에 참여해 학생 인솔 및 보호에 앞장서다 일제에 의해 체포된 후 불기소 처분을 받았다. 1940년대에는 일제가 기독교 학교에도 신사참배를 강요하자 '신사참배를 강요받는 학교를 경영하지 않겠다'는 호주 장로회의 방침에 동의하면서 일신여학교가 폐교되자 호주로 귀환했다.

호주 빅토리아주 출생(1856년)인 이사벨라 멘지스는 1891년 호주 선교사로 부산에 파견돼 부산·경남 지역 최초의 근대 여성 교육기관인 일신여학교를 설립하여 초대 교장이 됐다.

1919년 3월 10일 일신여학교 학생들이 태극기를 제작할 당시, 기숙사 사감을 맡고 있었던 이사벨라 멘지스는 태극기 제작에 필요한 깃대를 제공했다. 이후 동료 교사들의 석방을 위해 노력했고, 증거인멸을 위해 태극기를 소각한 일로 일제에 체포되어 기소유예 처분을 받았다.

호주 빅토리아주 출생(1888년)의 데이지 호킹은 1916년부터 호주 선교사로 부산에 파견, 어린이를 위한 성경학교와 주일학교를 운영하다 1918년부터 일신여학교에서 근무했다.

1919년 3월 11일 학생들과 함께 만세 시위에 참여하면서 학생들에게 시위를 권유하면서 함께 행진했고, 이 때문에 일제에 체포되어 불기소 처분을 받았다.

1919년 3월 11일, 일신여학교의 교사와 학생들이 주도한 만세 시위는 부산·경남 지역으로 확대되는 계기가 됐으며, 시위의 계획과 지휘를 비롯한 전반을 여교사와 여학생들이 주도했다는 점에서 여성 독립운동 분야에 커다란 발자취를 남겼다.

정부는 마가렛 샌더먼 데이비스, 이사벨라 멘지스, 데이지 호킹의 공훈을 기리기 위해 건국훈장 애족장, 건국포장, 건국포장을 각각 추서했다.

〔국가보훈부 보도자료, 2024년 2월 29일〕

116. 일신여학교 출신 독립유공자

연번	성명(한자)	훈격	공적내용
1	김난줄(金蘭茁)	대통령표창(2015)	1919년 3월 일신여학교 만세시위 참여로 체포되어 징역 5월
2	김반수(金班守)	대통령표창(1992)	1919년 3월 일신여학교 만세시위 참여로 체포되어 징역 5월
3	김복선(金福善)	대통령표창(2015)	1919년 3월 일신여학교 만세시위 참여로 체포되어 징역 5월
4	김봉애(金奉愛)	대통령표창(2015)	1919년 3월 일신여학교 만세시위 참여로 체포되어 징역 5월
5	김응수(金應守)	대통령표창(1995)	1919년 3월 일신여학교 만세시위 참여로 체포되어 징역 5월
6	박시연(朴時淵)	건국훈장 애족장(2018)	1919년 3월 일신여학교 교사로 학생들을 이끌고 만세시위를 주도하다 체포되어 징역 1년 6월
7	박연이(朴連伊)	대통령표창(2015)	1919년 3월 일신여학교 만세시위 참여로 체포되어 징역 5월
8	박정수(朴貞守)	대통령표창(2015)	1919년 3월 일신여학교 만세시위 참여로 체포되어 징역 5월
9	송명진(宋明進)	대통령표창(2015)	1919년 3월 일신여학교 만세시위 참여로 체포되어 징역 5월
10	심순의(沈順義)	대통령표창(1992)	1919년 3월 일신여학교 만세시위 참여로 체포되어 징역 5월
11	이명시(李明施)	대통령표창(2010)	1919년 3월 일신여학교 만세시위 참여로 체포되어 징역 5월
12	김신복(金新福)	대통령표창(1992)	1919년 3월 일신여학교 만세시위 참여로 체포되어 징역 5월
13	문복숙(文福淑)	대통령표창(2018)	1919년 3월 통영시장 만세운동 참여로 체포되어 징역 6월을 받음
14	김순이(金順伊)	건국훈장 애족장(2014)	1919년 3월 통영시장 만세운동 참여로 체포되어 징역 6월을 받음
15	박차정(朴次貞)	건국훈장 독립장(1995)	1929년 근우회 중앙집행위원으로 활동하고, 광주학생운동 시위 주도 후 중국으로 망명, 1932년 조선혁명군사정치간부학교 교관, 1936년 남경조선부인회 조직, 1938년 조선의용대 복무단장으로 활동, 1939년 중국 강서성 곤륜산 전투에서 부상을 입고 후유증으로 1944년 순국함.
16	마가렛 데이비스 (Magaret S. Davies)	건국훈장 애족장(2022)	1919년 3월 11일 부산에서 일신여학교 교장으로 만세운동에 참여한 학생들을 인솔하고 보호하다가 체포되어 불기소 처분받음. 1940년 3월 호주 장로회의 신사참배 반대 방침에 동의하였고 그로 인하여 일신여학교가 폐교되자 호주로 귀환함.
17	이사벨라 멘지스(Isabella Menzies)	건국포장(2022)	1919년 3월 11일 부산에서 일신여학교 교사로 독립만세운동에 사용할 태극기의 깃대를 제공하고, 시위 이후 태극기를 폐기하여 만세운동 참여 학생을 보호하다가 체포되어 기소유예 처분받음.
18	데이지 호킹 (Daisy Hocking)	건국포장(2022)	1919년 3월 11일 부산에서 일신여학교 교사로 학생들을 인솔하여 만세운동에 참여하였다가 체포되어 기소유예 처분받음.

훈장증

고 마가렛 샌더먼 데이비스

위는 대한민국의 자주독립과 국가 건립에 이바지한 공로가 크므로 대한민국 헌법에 따라 다음 훈장을 추서합니다.

건국훈장 애족장

2022년 3월 1일
대통령 문재인

Citation

In recognition of and appreciation for her outstanding contributions to independence and national foundation of the Republic of Korea, I hereby present, in accordance with the powers delegated to me by the Constitution of the Republic of Korea.

Order of Merit for National Foundation
(National Medal)

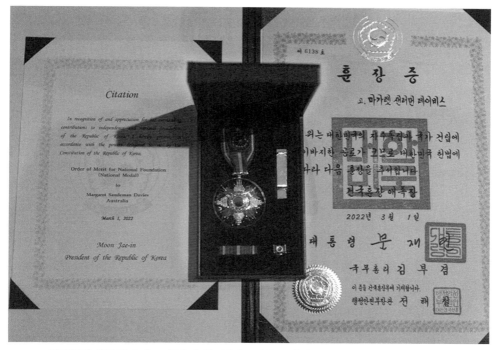

건국훈장 애족장 Order of Merit for National Foundation, 2022.

to

Margaret Sandeman Davies

Australia

March 1, 2022

Moon Jae-in

President of the Republic of Korea

2장

호주선교사
마가렛 데이비스

The Australian Missionary
Margaret S. Davies

2장
호주선교사 마가렛 데이비스

　　호주 빅토리아장로교 총회 대표단은 1910년 말 한일합방 직후 한국을 방문하였다. 당시 프랑크 페이튼 해외선교부 총무 등과 함께 배를 타고 한국으로 건너온 20대 초반의 젊은 여성이 있었다. 바로 마가렛 데이비스(Margaret S. Davies, 대마가례)이다. 그들은 한국에 도착하여 부산진교회에서 첫 예배를 드리고 그곳 교인들에게 환영을 받는데, 마가렛은 특히 여성들에 둘러싸여 따뜻한 환영을 받는다.

　　"그리고 여성들은 데이비스 '부인[1]'을 만났다. 그녀가 집을 떠나 자신들과 함께 살기 위하여 멀리서 온 것에 감사하며, 그들만의 아름다운 방법으로 소통하고 있었다. 그들의 환영에는 따뜻함이 있었고, 그들의 눈은 사랑으로 밝혀 있었다."[2]

　　마가렛과 한국 여성과의 만남은 이렇게 시작되었고, 그녀는 장차 30년 동안 경상도의 한국 여성들을 위하여 인생의 가장 빛나는 시기를 헌신하게 된다.

---

1)　　마가렛 데이비스는 독신이었지만 한국인들은 여선교사들을 높임말인 '부인'으로 불렀다.
2)　　페이튼과 캠벨, 40.

1) 마가렛의 가문

마가렛의 성 '데이비스'가 말해주듯이 그녀는 한국의 첫 호주선교사 헨리 데이비스와 같은 가문의 사람이었다. 헨리 데이비스의 동생인 존 데이비스 목사의 딸이었던 것이다. 즉 헨리 데이비스의 조카딸이었다. 그녀의 모친인 애니 데이비스는 빅토리아여선교연합회 창립회원 중 한 명이었다. 그뿐만 아니라 마가렛은 1918년 한국으로 파송된 배돈기념병원의 의사 진 데이비스의 친언니였다. 호주교회의 한국선교 역사에 있어서 잊을 수 없는 가문인 것이다.

1909년 6월 15일 정기회의에서 빅토리아여선교연합회는 마가렛의 한국 선교자원 신청서를 읽었다. 신청서는 동의와 제청을 거쳐 통과되었으며, 그동안 연합회가 한국에 파송할 교육 일꾼을 기도하며 찾은 하나님의 응답이라고 언급하며 감사하였다. 공식 파송은 이듬해인 1910년 시행하는 것으로 결정을 하였다.

마가렛은 멜버른대학교에서 문학 석사 학위를 우등으로 졸업하였고, 교육학도 수료하였다. 또한, 그녀는 선교훈련원에서 일정 기간 선교사 훈련도 받았다. 여선교연합회는 그녀를 어릴 때부터 보아왔고, 마가렛의 가정을 잘 알고 있었다. 그들은 마가렛을 '타고난 교사'로 불렀고, 그녀는 사실 가르치는 것을 제일 사랑하고 잘하였다. 연합회의 많은 지부도 이미 그녀를 만나 그녀의 선교적 사명에 관하여 들었고, 첫 순교자 헨리 데이비스 삼촌의 뒤를 이어 떠나는 그녀를 기꺼이 축복해 주었다.[3]

마가렛은 '생일 선교사(Birthday Missionary)'로 파송되었는바, 이것은 여선교연합회의 여러 후원 방법의 하나로, 생일을 맞아 드린 감

---

3)   '더 크로니클', 1910년 10월 1일, 3.

사헌금 기금에서 재정지원을 받는 것이었다.

마가렛은 앞서 언급한 대로 1910년 11월 해외선교부의 한국방문단과 함께 한국에 왔을 때 자신의 모친도 동행하였다. 빅토리아장로교회는 해외의 선교지에 이러한 대표단을 파송하는 것은 처음이었고, 그 대열에 마가렛은 파송 선교사로 동행한 것이다. 이들이 부산항에 도착하여 찍은 사진 중 복병산의 언덕에 있던 헨리 데이비스 무덤에서 마가렛과 모친이 함께 찍은 사진은 지금까지 남아 당시의 모습을 보여주고 있다.

그리고 그해 11월 3일, 마가렛은 첫 편지를 호주로 보내고 있다. 부산에 있던 엥겔 부부, 맥켄지 그리고 아담슨을 만나는 내용, 부산진의 심취명 장로 등 한국인 일꾼들과 여성들을 만나는 내용, 그리고 무어의 안내에 따라 일신여학교의 장금이, 서매물 그리고 한국어 교사인 김도선을 만나는 이야기 등이 담겨 있다.

"우리는 어제 아침 가장 인상적인 예배를 드렸다. 페이튼이 설교하였고, 엥겔이 통역하였다. 우리는 비록 한국어를 못 알아들었지만, 예배에 큰 힘이 있다는 것을 느낄 수 있었다. 나는 오르간을 치는 것으로 나의 일을 시작하였다."[4]

마가렛의 언어교사는 부산진교회의 회계 김승원이었다. 그는 무어와 클라크를 가르치기도 한 나이 많은 어른이었다.

"첫째 주에는 나의 이름에 대하여 많은 대화가 있었다. 결국에는 '대신하는' 할 때의 '대'로 성을 짓는 것으로 결정되었다. 엥겔도 그 성이 적절하다고 하였는데, 내가 순교한 삼촌을 대신한다고 여겨졌기 때문이었다. '좋습니다'라고 김승원이 말하였고 '그리고 예수 그리스도를 대신하기도 합니다'라고 덧붙였다. 많은 한국인이 선교사를 이렇

___

4)   '더 크로니클', 1911년 1월 2일, 5.

게 생각하고 있었고, 이것은 우리를 부끄럽게 한다."[5]

마가렛은 한국어를 배우며, 교회 생활에 적응하며, 1895년 멘지스가 설립한 일신여학교에 매일 나가 학생들과 교사들을 만났다. 당시 여학교에는 소학과와 2년 전에 설립된 고등과가 있었다. 그리고 한국에서의 첫 성탄절을 어린이들과 함께 보내고 있다. 그중 서매물은 일 년 전에 만난 마가렛의 모친에게 편지를 쓰면서 자신은 마가렛에게 오르간 연주와 영작문을 배우고 있으며, 마가렛은 자신에게 한국어 쓰기를 배우고 있다고 말하고 있다.

2) '한 작은 땅의 위대한 빛'

1911년 말 진주의 스콜스가 휴가를 떠나자 마가렛은 그곳의 시원여학교를 책임 맡아 진주로 이전하였다. 그리고 3년 후인 1914년 마가렛은 다시 부산진일신여학교로 돌아왔다. 교장으로 부임한 것이다. 그리고 이 해 말 그녀는 부산진에서 편지를 썼다. 마가렛이 진주로 떠나 있는 동안 부산진에도 변화가 있었는데, 엥겔 가족이 떠났고, 라이트는 시골 지역을 순회하고 있었고, 니븐과 알렉산더는 김해에서 여성들을 위한 성경학교를 운영하고 있었다.

11월 18일은 추수감사주일이었다. 전쟁의 끔찍한 소식과 호주 고향의 가뭄 등으로 슬픈 시기이었지만, 마가렛은 부산진교회 교인들과 그들의 한 해 추수를 기뻐하며 감사예배를 드렸다.

"이날 해외 선교 특별헌금이 있었다. 제주도와 중국에 파송된 한국인 선교사를 후원하기 위함이었다. 주일예배에는 12엔이 헌금되었고, 주일학교에는 6엔이 헌금되어 총 18엔이었는데, 36실링가량이었

---

5)   '더 크로니클', 1911년 3월 1일. 3.

다. 많지 않은 숫자의 교인과 그들의 가난함을 보면 이것은 보통 주일 헌금보다 많은 액수이고, 그들의 관대함을 보여주는 것이다."[6]

마가렛은 이 당시 주일마다 동래 읍내의 교회에 나가 주일학교 여성들을 가르쳤다. 일신여학교 고등과의 김기모와 남학교 박 선생의 아내 순애와 동행하였다. 주일에 그곳에 오일장이 서게 되면 교인들이 많이 예배에 참석을 못 하는데 오일장에서 물건을 팔지 못하면 다음 장까지 생활이 더 어렵기 때문이라고 마가렛은 설명하고 있다. 그러면서 그녀는 동래 읍내교회를 위하여 기도하여 달라고 호주교회에 요청하고 있다.

이 당시 호주선교회가 지원하는 부산진의 전도부인은 박의윤, 오금안, 양주암, 강부은, 박계실, 정혁신, 이보은 등이었고, 일신여학교 교사로는 장금이, 문순검, 박덕술 그리고 일본인 가와쿠보가 있었다.

1915년 4월의 편지에는 동래교회 옥 장로의 사망 소식을 마가렛은 전하고 있다. 옥 장로는 동래교회의 기둥으로 사탕을 만드는 공장을 운영하며 담임 목사 지원과 남학교에 많은 헌금을 하였다고 한다. 장례예배 시 어떤 찬송을 부를지 옥 장로의 아내에게 물으니 평소에 '예수 사랑하심을'을 즐겨 불렀다고 하여, 모인 회중은 함께 그 찬송을 불렀다.

이해 8월에는 일신여학교의 학직이 변경되어 소학과는 수업 연한을 3년으로, 고등과는 4년으로 각각 개정하였다.

부산진에서도 여성성경학원이 계속되었다. 이 해에는 90명이 등록을 하였는데, 이들은 부산 지역의 여러 교회에서 와 참석을 하였다. 이번에 부산항의 한 작은 섬에서는 참석지 못하였는데, 남성들이 모두 낚시를 나가 뭍으로 나올 수 없었다고 하였다. 맥켄지 부인, 멘지

---

6)   '더 크로니클', 1915년 2월 1일, 4.

스, 두 명의 전도부인 그리고 마가렛이 강의를 하였다.

마가렛은 클러크와 이 해 하순 호주로 휴가를 떠났으며, 휴가를 보내는 동안 빅토리아주에서 여러 노회와 교회를 다니며 보고회나 강의를 하였다. 또한, 이 둘은 빅토리아교회에 한국을 알리기 위한 작은 교재를 준비하기도 하였다. 교재의 제목은 '한 작은 땅의 위대한 빛(A Great Light in a Little Land)'이었다. 시니어여선교연합회와 빅토리아여선교연합회는 이 책자를 모든 지부에 보급하여 공부하도록 독려하였다. 책은 당시 한 권에 9다임이었다.

이 교재는 몇 개의 주제에 따라 장이 나누어져 있고, 각 장 말미에 토론 제목이 있어서 참가자들의 토론을 유도하고 있다. 선교동아리회에서는 각 장을 낱개로도 인쇄하여 판매하였는데, 한 개에 4다임이었다.

1916년 8월 16일 빅토리아장로교 총회 회관에서 마가렛과 클러크를 환송하는 특별예배가 열렸다. 이 예배는 또한 알렉산더, 캠벨, 맥피, 그리고 라이얼 부부를 환영하는 자리이기도 하였다. 총회장을 비롯하여 커를, 레게트, 페이튼 등 주요 한국파들이 대거 참석하여 그 의미를 더하였다.

3) 다시 부산진으로

1916년 9월 마가렛은 다시 한국 부산진으로 돌아왔다. 그리고 그녀는 도주 후에 다음과 같은 편지를 쓰고 있다.

"일 년 동안의 휴가 후에 새 열의와 열정을 가지고 클러크와 나는 다시 집으로 왔다. 솔직히 처음에는 다시 적응하고 안정을 찾기 어려웠다. 극동의 이 세계는 우리의 것과는 너무나 다르다. 보이는 것들과 냄새는 우리 서양인에게는 큰 거부감이 든다. 대부분 집이 너무 가난하고, 열악하다. 이번에 두 번째 왔는데, 이곳의 많은 삶 속에 어두움과 고통의 징표를 곳곳에서 볼 수 있다."[7]

이 당시 부산에 거주하는 호주선교사는 맥켄지 부부, 라이트 부부, 멘지스, 알렉산더, 호킹 그리고 마가렛이었다. 마가렛의 친동생 진데이비스는 멜버른 어린이병원에서의 일을 마치고 한국으로 입국할 준비를 하고 있었다.

마가렛은 이해 가을 끝 무렵 멘지스와 함께 양산과 언양의 여성 경공부반을 인도하기 위하여 가는 도상에 있었다. '구관의 할머니' 멘지스는 이 길을 20년 전부터 다녔지만 마가렛에게는 익숙지 않은 길이었다. 그런데도 그녀는 가을의 아름다운 풍경에 빠져 있었다. 언양에서의 성경공부는 밤낮으로 6일 동안 계속되었다.

1917년 2월에는 일신여학교에 특별 방문자가 있었다. 경상남도 도지사였다. 그와 함께 온 공무원들은 학교가 정부의 방침대로 운영되는지 참관하러 나온 것이었다. 그들은 교실과 학생들이 만든 수예품과 그림 등을 둘러보았고, 모여 있는 학생들에게 짧은 연설도 하였다. 특히 성경을 윤리 과목의 교재로 언급하였고, 학생들과 함께 일본 국가도 제창하였다. 일본 정부의 통제 속에 일신여학교도 점점 압박을 받는 상황이었다. 삼일운동이 일어나기 2년 전의 일이었다.

1917년 4월에 열린 여성성경학원에는 20명의 여성이 참석하였다. 교사로는 멘지스, 심 목사, 라이트 부인, 레잉, 정 목사, 그리고 강 전도부인과 양 전도부인이었다. 마가렛은 학생들의 방은 낮에는 교실로 밤에는 침실로 사용된다고 언급하며, 한국의 접고 펴는 이불을 소개하기도 하였다. 또한, 주일이 되면 학생들은 인근의 교회로 퍼져 자기가 배운 것을 주일학교에서 가르치는 기회를 얻기도 하였다.

---

7)   '더 크로니클', 1916년 12월 1일, 13.

이 해 말, 미우라 기숙사이자 고아원을 책임지고 있던 멘지스가 호주로 휴가를 떠나자, 마가렛이 그 일까지 대신에 하여 맡고 있다. 그 러므로 그녀는 미우라에 관한 분기별 보고서도 썼다.

"미우라학원의 숙소에는 현재 순복이를 포함하여 10명의 소녀가 있다…. 그중 1명은 지난 보고서 후에 통영에서 왔고, 1명은 울산에서 왔다. 또 다른 1명의 부모는 부산에서 이사 나갔는데, 딸의 교육을 위 하여 우리 숙소에 남겨두었다. 우리는 8시 30분에 정확하게 기도를 시작하고, 각 소녀는 성경의 구절을 암송한다. 그리고 장금이는 급히 학교로 뛰어가 종을 울린다."[8]

1918년 초 마가렛은 자신의 친동생 진 박사가 한국으로 파송되 어 만나는 기쁨도 있었다. 동생 진은 진주의 배돈기념병원에서, 언니 마가렛은 부산의 학교에서 두 자매는 삼촌이 순교한 경상남도에서 눈 부신 활동을 하게 된 것이다.

이 해 말 부산에서는 독감이 창궐하여 많은 사람이 고생하였다. 독감은 자칫 폐렴으로 발전할 수 있고, 또 다른 합병증으로 유발되면 위험한 병이었다. 부산진의 일신여학교와 미우라학원의 학생들, 그리 고 호주선교사들도 독감에 걸려 힘든 시기를 보내고 있었다. 동래교 회의 박 장로 그리고 이전 전도부인의 15살 딸도 사망하였다. 하루에 부산에서만 35명씩 사망하고 있다고 마가렛은 보고하였다.

4) '부르시오! 만세를 부르시오'

1919년 2월 11일, 마가렛은 여선교사들을 대신하여 빅토리아여 선교연합회에 편지를 쓰고 있다. 다름 아닌 호주선교회의 한국인 직

---

8)   '더 크로니클', 1918년 7월 1일, 4-5.

원들의 봉급 인상 등을 연합회가 동의한 것에 감사하는 내용이었다. 이 당시 호주선교회의 봉급을 받고 일하는 한국인 직원은 전도부인 등을 포함하여 교사, 전도인, 매서인 등 십 수 명이 있었고, 역할에 따라 봉급에 차이가 있었다.

이 해에 서울에서 일어난 삼일운동을 기점으로 전국적으로 일제의 통치에 항거하는 물결이 일어났다. 부산에서도 며칠 후 만세시위가 일어났고, 일신여학교 학생과 교사들도 참여하여 학교는 큰 어려움을 당하였다. 그뿐만 아니라 교장인 마가렛 데이비스를 비롯한 멘지스와 호킹도 경찰서와 법원에 불려 다니며 큰 고초를 당하였다. 마가렛은 그 당시 상황을 3월 18일 편지에 비교적 상세히 기록으로 남기고 있다.[9]

이 해 말 마가렛은 학교와 기숙사가 정상으로 운영되고 있다고 보고하고 있다. 학교에서는 특별 새벽기도회가 일주일 동안 진행이 되었는데, 기숙사의 상급생 학생들이 매일 참석을 하였다. 이들은 만세운동 시 감옥에 갇혀 고생하였던 학생들이었고, 아직 감옥에 남아있는 사람들을 위하여 열심히 기도하였다. 겉으로는 부산이 평온하였지만, 일제에 대한 저항감을 강하게 느낄 수 있다고 마가렛은 언급하고 있다.[10]

5) 교육 사역

1920년 4월 1일 부산진일신여학교는 방학을 마치고 다시 개교하였다. 새로운 커리큘럼으로 교육이 시작된 것이다. 작년에 165명의 학

---

9)　한국 정부는 후에 이들을 독립유공자로 인정하여 포상하였고, 특히 마가렛 데이비스는 학교 교장으로 2022년 건국훈장 애족장을 수여하였다.
10)　'더 크로니클', 1920년 2월 2일, 4.

생이 등록을 하였는데, 이 해에는 200명에 가까울 것이라고 마가렛은 예상하였다. 문제는 기숙사가 충분치 않았고, 교사도 많이 부족하였다. 마가렛은 여성경학원에서의 시간을 줄이고 학교 업무에 집중하고 있었다.

당시 부산진과 동래교회에는 한국인 담임목사가 없었고, 그로 인하여 선교사들의 시간이 분산되고 있었다. 마가렛은 그러나 부산진교회에 한 가지 좋은 소식이 있다고 하였는바, 평양신학교 학생들이 3월에 전도대회를 진행한 결과 수십 명의 젊은 남성들이 예배에 참석하고 있다는 것이다. 그동안 교회에 젊은 남성 교인이 없어 어려움이 있었는데, 이 청년들이 신앙 안에서 잘 양육되기를 마가렛은 희망하고 있었다.

라이트는 자신의 집에서 찬양반을 시작하였는데, 23명의 남자 청년들이 참석하였다. 호킹이 찬양을 지도하였고, 청년들은 많은 찬송을 배울 수 있었다. 어느 주일 저녁에는 청년헌신예배가 열렸는데, 이들은 '천성 길을 버리고 죄에 빠진 자들아'를 사중창으로 부르기도 하였다.

부산진교회의 청년성가대가 이렇게 탄생하였는바, 마가렛은 이 성가대가 매달 발전하고 있는 모습을 적고 있다. 청년성가대는 야간 여학생반을 위한 모금 음악회도 개최하였고, 브라스밴드를 구성하여 규모 있게 성장하려 하였으나 악기를 구하기 어려워 순탄치 않았다고 한다.

1921년 중반 부산에 개최된 여성성경학원은 2달간 진행되었다. 32명이 등록을 하였고, 그중 27명은 두 달 동안 기숙을 하며 마지막 시험까지 치렀다. 이번 과정은 스키너가 책임을 맡아 5개의 반으로 나누었고, 교사로는 마가렛을 비롯하여 멘지스, 알렉산더, 레잉 등이었다.

이 해말, 마가렛은 또 한 번의 휴가로 호주를 방문하게 된다. 마가렛이 떠나 있는 동안 위더스가 일신여학교를 책임 맡았다. 마가렛은 빅토리아 전역에 있는 여선교연합회 지부들을 방문하며 보고회를 하였다. 특히 그녀는 '생일 감사 선교사'이므로 가는 곳마다 생일 감사로 해외선교사를 후원해 줄 것을 호소하였다.

빅토리아여선교연합회는 마가렛의 일정을 관리하며, 각 지부에서 초청하는 날짜를 조정하였다. 또한, 생일 감사 후원자가 최소 365명이 나와 매일 그녀를 위하여 기도하기 원한다고 홍보하였다. 마가렛은 1922년 8월 1일 멜버른 총회 회관에서 열린 환송예배에 참석하고, 세 번째 임기로 한국으로 돌아왔다.

6) 여학생들의 수업 거부

마가렛이 한국으로 돌아오자 어려움이 기다리고 있었다. 일신여학교 안에 교사와 학생들 간의 긴장이 있었는데, 교사가 부족한 이유로 학생들의 불만이 있었던 것이다. 여선교연합회는 이 소식을 다음과 같이 전하고 있다.

"데이비스 양은 한국에 돌아가 지금까지 어려움을 겪고 있다. 고등과 학생들이 불만을 제기하였는바, 한 명의 교사로는 불충분하다는 이유였다. 그들은 수업 거부를 하였고, 학교는 어쩔 수 없이 주동격인 학생을 징계할 수밖에 없었다. 이것은 굉장히 어려운 과정이었으나, 데이비스 양은 이제 안정을 찾고 있다고 하였고, 교사들은 기도로 학교의 영성을 되찾기 위하여 매일 기도회를 했다."[11]

여기서 데이비스 양은 물론 교장인 마가렛이다. 그녀는 이 사건에

---

11) '더 크로니클', 1923년 2월 1일, 2.

대하여 후에 다음과 같이 언급하고 있다.

"학교 방학이 시작되는데 이번에는 졸업생이 없다. 고등과의 학생들이 10월에 파업하였기 때문이다. 주동자들은 한 달, 두 달, 혹은 석 달 정학이 되었다. 이것으로 그들은 한 학기 정도를 이수하지 못하였다. 그런 이유로 졸업생도 없고, 개근상도 없고, 장려상도 없다. 파업이 얼마나 심각한 것인지 이 기회에 학생들이 깨달았으면 좋겠다. 학교의 유익을 발전시키는 방법이 아닌 것이다."[12]

마가렛에게는 입양한 소녀 한 명이 있었다. 명세라는 이 소녀가 결혼을 하게 되었는데, 남편은 거창의 은행원이었다. 마가렛은 그녀가 스키너의 양녀처럼 벙어리나 귀머거리가 아니므로 재봉틀이나 암소를 지참금으로 가지고 가지 않아도 된다고 말하고 있다. 결혼사진이 잘 나오면 '더 크로니클' 선교지에 보내겠다고 약속하기도 하였다.

1924년 초에는 마가렛의 부모가 한국을 방문하고 있다. 여동생 진이 호주로 휴가를 갔다가 다른 대표들과 함께 입국할 때 동행한 것이다. 부산항에서 마가렛은 가족과 즐거운 재회를 하였다.

7) 동래일신여학교 건축

마가렛의 여학교 고등과에는 당시 세 명의 남성 교사와 한 명의 일본인 여성 교사가 있었다. 두 명의 한국인 여성 교사는 초등학교에서 와 재봉질과 체육을 가르쳤는데, 대부분 교재가 일본어로 되어있었기에 이들은 가르칠 요건이 안 되었다. 고등과에는 60명가량의 학생이 있었고, 소학과에는 200명 정도가 있었다. 고등과에 입학하려면 어려운 시험을 통과하여야 하였기에, 많은 수의 학생은 아니었다.

---

12) '더 크로니클', 1923년 3월 29일, 3.

고등과에서 마가렛은 성경, 영어, 음악을 가르쳤다. 이 선생은 산수, 대수학, 기하학을 가르쳤고, 윤 선생은 지리, 물리학, 화학을 가르쳤다. 지 선생은 성경과 역사, 후쿠야마는 일본어와 그림, 그리고 위더스도 영어나 오르간 연주를 이따금 가르쳤다.

1924년 말, 마가렛은 드디어 좋은 소식을 호주교회에 보내고 있다. 일신여학교의 고등과를 위한 부지를 확보하고, 학교 건물 건축을 위한 기초를 놓은 것이다. 그 위치는 동래였다. 설계는 멜버른에서 하였고, 건축사는 중국인이 운영하는 서울 소재 복음건축회사였는데, 기독교 회사와 계약을 맺게 되었다고 마가렛은 언급하고 있다. 이들은 먼저 돌로 된 기념비를 남기었는데 다음과 같이 적혀있다. '호주여자전도부 주후 1924년 12월 21일.' 마가렛은 다음 해 봄 건물이 완성되어 어서 고등과 학생들이 그곳으로 이사하기를 희망하고 있다.

드디어 제인하퍼기념학교(Jane Harper Memorial School)가 완공되었다. 제인 하퍼는 1890년 창립된 빅토리아여선교연합회 초대회장이었는데 그녀를 기념하기 위하여 호주에서는 이 이름을 붙였고, 한국에서는 동래일신여학교로 불렀다. 학교 본관과 기숙사 건축비용은 총 30,000엔이 들었다. 1925년 6월 15일 마가렛과 위더스를 포함한 교사진과 20여 명의 학생은 새 석조 건물의 기숙사로 이사를 하였고, 완공식은 6월 20일에 열렸다. 기숙사는 아래층에 5개의 방과 위층에 6개의 방이 있었고, 최대 52명의 학생을 수용할 수 있었다고 한다. 새 학기가 되면 방 대부분이 찰 것으로 마가렛은 기대하고 있다.

완공식에는 지역의 많은 내빈, 한국인 목사 그리고 호주선교사들이 참석하였다. 찬송가로 예식이 시작되었고, 커닝햄의 기도가 이어졌다. 그리고 일본국가가 불렸고, 학생 대표가 은으로 된 열쇠로 학교 정문을 열었다. 맥켄지는 준비된 카메라로 단체 사진을 찍었다.

그리고 모두 신발을 벗고 건물 안으로 들어갔다. 학교 대표 엥겔과 김만일 목사가 강단 위에 자리를 잡고 앉았다. 이 학교는 아직 일본 정부의 승인을 받지 못하였기에, 정부 관리들은 참석하지 않았다. 강당에서 계속하여 예식이 진행되었고, 엥겔이 65분 동안이나 연설을 하였지만 모두 진지하게 경청하였다. 박성애 목사가 축사를 하였는데, 그의 아내는 일신여학교를 졸업한 자랑스러운 순복이였다. 몇 사람의 축사가 더 있고 난 뒤에, 마지막 찬송을 부르고 예식을 모두 마치었다.[13]

8) 호주와 한국의 여학생

'더 크로니클' 선교지는 마가렛이 1925년 말 심각한 수술을 받았다는 소식을 그다음 해 초에 전하고 있다. 호주의 후원자들은 이 소식에 크게 염려하고 있지만, 수술은 잘 되었고 회복도 잘 되고 있다고 보고하였다. 그러나 어떤 수술이었는지는 언급하지 않았다. 빅토리아 여선교연합회는 마가렛에게 전보를 보내 이른 휴가를 보내도록 그녀에게 제안하였고, 마가렛은 1926년 4월 말 호주로 입국하였다. 멜버른에 도착한 그녀는 딥딘의 부모 집에서 당분간 휴양을 하게 되었다.

마가렛을 대신하여 위더스가 이해 4월 하퍼기념학교 보고를 하고 있는바, 1학년에 64명의 신입생이 입학하였고, 2학년에 1명이 더 들어 왔다고 하였다. 일신여학교 소학과 22명의 졸업생 중에 19명이 하퍼기념학교에 입학하였다는 소식을 기쁨으로 전하고 있다. 그리고 기숙사에도 42명의 여학생 들어와 포화상태라고 보고하였다.

마가렛은 1년간의 휴가 동안 건강을 회복하였고, 휴가를 좀 더 연장하여 보고회를 다녔다. 그리고 1927년 8월 5일 큐교회에서 열린

---

13)   '더 크로니클', 1925년 9월 1일, 4-5.

파송 예배에 참석하였는데, 감사의 작별 편지를 '더 크로니클' 선교지에 싣고 있다.

"캠프 양이 나에게 한국으로 떠나기 전 작별 편지를 써 달라고 요청을 하였다. 나는 기쁨으로 대답을 하였는바 나의 휴가 동안 나에게 친절을 베푼 많은 분에게 감사의 말을 전하기 원하였기 때문이다. 나의 방문 기록은 스키너의 기록에는 조금 못 미치나, 나는 도시와 시골에 있는 수백 명의 여선교연합회 회원들을 만나 대화를 나누었다. 즐겁고 영감적인 많은 대회와 지부 모임, 단체 모임의 기억이 오래 남을 것이다. 하나님 나라를 위한 이러한 열정적인 단체에 속한다는 것은 큰 자부심이다."[14]

그뿐만 아니라 마가렛은 '오늘날의 여학교 학생들 – 한국과 호주'라는 제목의 글도 따로 기고하였다. 이 글에서 마가렛은 한국의 학교와 학생들, 그리고 특히 동래일신여학교를 소개하면서, 호주의 풍요로운 학생들이 한국의 가난한 학생들을 도울 수 있다고 호소하였다.

"빅토리아의 장로교 학교 여학생들은 자신들보다 불행한 한국의 소녀들을 도울 수 있다. 한국의 우리 여학생들은 대부분 가난한 집에서 왔으며, 그들의 부모는 자신들의 딸 학비를 낼 수 없는 형편이다. 여학생들이 돈을 벌어 학비를 충당할 수 있도록 우리는 일신여학교와 동래의 제인 하퍼 기념학교에 자조반을 만들었다. 학생들이 일하면서 배울 수 있도록 한 것이다…

호주의 여학생들은 많은 것을 가지고 있지만, 한국의 여학생들은 가진 것이 거의 없다. 바다 건너 자매들에게 도움의 손길을 건네는 것은 특권이 아닐 수 없다."[15]

마가렛은 이해 9월 한국에 도착하였고, 부산항에는 그녀를 환영

---

14) '더 크로니클', 1927년 8월 1일, 4.
15) 앞의 책, 17-18.

하는 친동생 진과 동료선교사들, 그리고 학생들이 모여 있었다. 동래 일신여학교에서는 다시 돌아온 교장을 위하여 환영 잔치를 열어 주었다.

9) 빅토리아교회의 장학금

1930년 초 마가렛은 한국의 학교에서 소요사태가 일어나고 있는 것을 보고하고 있다. 이것은 광주에서 한국인과 일본인 학생들 간의 공산주의 논쟁에서 비롯되었는데 서울로까지 번지고 있었고, 전국으로 퍼질 조짐도 보였다. 호주선교회의 학교들은 그 사태에 아직 휘말리고 있지 않았지만, 마가렛은 염려하였다.

"우리 학생들에게 주지되기를, 만약 이런 소요사태가 우리 학교 안에 일어나면 우리 학교가 정부로부터 지정받는 기회에 부정적인 영향을 미칠 것이다. 만약 지정이 안 되면 학생들에게 심각한 영향이 미칠 것이다. 우리는 현재 부산의 관공서에 지정 신청을 한 상태이며, 사태가 가라앉으면 우리 신청서를 심사하겠다고 그들은 약속하였다."[16]

동래일신여학교를 정식 중고등학교로 승인받기 위하여 마가렛과 호주선교회는 애쓰며, 일본 정부와의 불편한 관계를 이어가고 있었다. 당시 학교에는 호주에서 주는 3가지 장학금이 있었다. 마가렛은 이 장학금을 받는 3명의 학생을 소개하고 있는데, 박봉윤, 한경순, 그리고 오정은이다. 이들은 빅토리아장로교여친교회와 '목사관의 딸 장학금'을 받고 있었는바, 받은 장학금과 약간의 수공예 노동을 통하여 받는 돈으로 학교에 다니고 있었다. 이들에게 투자하는 장학금이 절대 헛되지 않다고 마가렛은 호주의 후원자들에게 확신을 주고 있었다.

---

16)   '더 크로니클', 1930년 4월 1일, 7.

10) 한국선교 20주년 축하

마가렛은 1930년 말 한국선교 20주년을 맞이하였고, 43세의 베테랑 독신 선교사가 되어있었다. 1930년 10월 17일 동래일신여학교는 교장의 한국선교 20주년을 맞이하여 축하의 자리를 준비하였고, 저녁에는 여학생과 졸업들이 음악회를 열었다. 동시에 이 해는 학교의 전신인 부산진일신여학교 25주년이 되는 해였다. 많은 손님과 더불어 과거와 현재의 교사와 학생들이 축하 행사에 참석하여 흥거운 잔치가 벌어졌다.

교실 안에는 학생들의 작품과 학교의 역사 자료를 전시하였는바, 그중에 특히 '목사관의 딸 장학금'을 받은 장래가 촉망되는 두 여학생이 눈에 띄었다. 한 명은 알렉산더의 양녀 복순이였고, 다른 한 명은 멘지스의 양녀 신복이였다. 마가렛은 이날 내외손님들의 많은 선물을 받았으며, 40개 정도의 축하 전보를 받았다고 한다.

1931년 동래일신여학교 졸업반에는 11명의 여학생이 있었다. 마가렛은 보고하기를 그중 3명이 상급 성경공부를 하기 원한다고 하였고, 그들이 그 과정을 마치면 전도부인이나 성경 교사가 될 것이라고 하였다. 그중에 한 명은 평양의 신학교에 진학하기를 희망하고 있었고, 또 한 명은 한 목사의 딸이라고 언급하였다.

마가렛은 또한 동래교회에 관하여도 보고를 하고 있다.

"동래교회에는 주일 아침 예배에 보통 150명이 참석하고 있다. 중년 부인들은 가운뎃줄에 앉고, 그 좌우에 남성과 소년들은 한쪽 줄에 그리고 학교 여학생들이 다른 쪽 줄에 앉는다. 예배는 11시에서 12시 30분까지 진행되며, 예배 후에는 여전도회 등 여러 가지 모임이 열린다. 그러나 여학생들과 교사들은 그런 모임을 기다릴 수 없다. 점심 식사 후에 바로 근교의 주일학교를 위하여 흩어지는데, 주변 마을에 6

개의 주일학교가 있다."[17]

호주선교사들을 위한 영어예배는 부산진의 한 사택에서 주일 오
후 4시에 열렸다. 마가렛을 포함한 동래의 선교사들은 그 예배 참석
을 위하여 매 주일 오후 3시에 출발하였고, 예배 후에는 동래로 다시
돌아와 저녁을 하였다. 당시 선교사들에게 염려되는 상황이 하나 있
었는데, 다름 아닌 호주교회가 겪고 있는 재정 압박이었다.

이 당시 빅토리아여선교연합회나 해외선교부는 재정적인 어려움
을 겪고 있었다. 특히 한국에서 진행되고 있는 다양한 선교 프로그램
지원이나 선교사들과 한국인 직원들의 봉급을 유지할 수 없을 처지
에까지 이른 것이다. 선교 지원을 감소해야 하지만 호주선교사의 수를
줄이는 것에 대하여는 모두가 주저하였다. 결국, 여선교연합회는 선교
사와 직원 봉급을 일정 기간 삭감하는 것으로 결정하였다.

마가렛은 이런 상황에 학교에 대한 지원이 줄어들까 염려하고 있
었다. 호주교회의 지원으로 하퍼기념학교의 여학생들이 어떻게 기독
교인으로 변화되고 있는지와 그 열매에 관하여 계속 편지를 쓰고 있
다. 특히 이 당시의 편지에는 학교에 피아노가 얼마나 필요하지도 언
급하고 있다.

11) 드디어 지정되다!

1932년 중반 마가렛은 또 한 번의 휴가를 호주에서 갖는다. 빅토
리아여선교연합회 회장 매튜 여사는 그다음 해 2월 21일 생일감사선
교사 마가렛을 위하여 특별 모임을 조직하였다. 동멜본 장로교여성친
교실에 연합회 회원들을 초청하여 특별 손님 마가렛을 만나도록 한

---

17) '더 크로니클'. 1931년 5월 1일. 9.

것이다. 한국선교 21년을 맞은 그녀를 축하하고 높이는 자리였다. 그뿐만 아니라 마가렛은 와라갈과 모웰의 대회에 참석하고, 남호주에서 열린 총회에도 참석하여 한국선교에 관한 소식을 보고하고 있다.

마가렛이 호주에 있는 동안 맥피가 교장 대리로 있는 동래일신여학교에서는 크게 기쁜 일이 발생하였다. 정부로부터 공식적으로 인정받아 '지정학교'가 된 것인바, 공립 고등 보통학교와 동등한 자격을 인정받는 학교가 된 것이다. 맥켄지, 한국인 수교사 그리고 맥피가 교육부에 가서 그 증명서를 받았다. 마가렛은 호주에서 하퍼기념학교가 지정받은 의미를 교회에 설명하였다.

당시 일본 정부는 한국인들의 교육을 자신들만이 자신들의 언어로만 하려고 하였고, 종교단체의 교육을 크게 위축시키고 있었다. 단, 공식 교육기관으로 지정하는 미션스쿨은 예외였고, 그 수 또한 극소수였다. 교사들의 높은 자격, 학교의 충분한 설비, 그리고 넉넉한 장학금이 그 조건이었기 때문이다.

마가렛은 동래일신여학교를 지정된 공식기관으로 승인받기 위하여 지난 수년 동안 기다려 왔는데, 마침내 한국에서 두 번째 여학교로 지정을 받은 것이었다. 13세에서 20세까지의 학생들이 4년 동안의 과정을 마치면 정부 학교와 마찬가지 자격을 갖게 된 것이다. 그러므로 앞으로 더 많은 학생이 입학할 것이고, 미래는 희망찼다.

12) 일제의 압력

1935년 동래일신여학교는 계속 발전하고 있었다. 마가렛은 보고하기를 이 해에 총 144명의 학생이 등록하였고, 신입생은 103명이 신청하여 시험에 통과된 46명이 입학하였다. 기숙사에 거주하는 학생도 51명이나 되었고, 전라도에서 온 학생도 있었다. 또한, 운영이사회는 3월 첫 주일에 모든 경남노회 교회가 학교를 위하여 헌금하도록 제안하였으며, 노회는 승인하였다.

"아마도 가장 많은 헌금은 동래교회와 학교 자체의 250엔일 것이다. 우리는 우리 집의 파 부인처럼 다른 사람들이 많은 헌금을 할 것으로 기대하지는 않는다. 그녀는 자신의 월급 25엔에서 10엔이나 헌금하였다. 학교가 해 온 일들을 고마워하는 헌금이라고 하였다."[18]

호주선교회에 속한 여학교나 유치원에 동래일신여학교를 졸업한 교사가 다 있을 정도로 학교는 지역사회뿐만 아니라 선교회 안에서도 중요한 역할을 하고 있었다.

이 해 말인 11월 30일 토요일, 마가렛의 선교 25주년을 기념하는 잔치가 동래교회에서 열렸다. 교회당 안은 특별히 꾸며졌는데 특히 한국과 호주 지도를 그린 그림이 눈에 띄었다. 그리고 두 나라는 '예수님의 사랑'이라는 글씨로 연결되어 있었다. 이날 마가렛은 많은 격려와 선물을 받았는데, 그중 산상수훈과 시편 23편이 한국어로 쓰인 8폭짜리 병풍도 있었다.

1936년에 와서 미션스쿨에 대한 일제의 통제는 점점 심화하고 있었다. 신사참배의 압력은 동래일신여학교에도 예외 없이 가하여져 왔고, 마가렛은 큰 염려 속에 학교를 운영하고 있었다.

"신사에 참배하는 문제는 초가을에 우리에게 아픈 질문이 되었다. 그러나 우리가 감사하는 것은 지역 정부가 우리의 입장을 반영하여 큰 배려를 하였는데, 신사에 절하는 대신에 하나님께 침묵으로 기도하는 것을 허락하였다. 이것이 이 어려운 문제에 해답이 되기를 우리는 간절히 희망한다."[19]

앞서 언급한 학교의 교실을 늘리기 위한 모금은 부산, 진주, 마산

---

18) '더 크로니클', 1935년 8월 1일, 7.
19) '더 크로니클', 1937년 3월 7일, 7.

등의 교회에서 8,500엔을 약속하였다고 한다. 마가렛는 일제의 압박 속에서도 더 많은 학생이 입학할 수 있도록 건물 확장에 노력하고 있었고, 이제는 호주교회만이 아닌 한국교회도 헌금에 동참하고 있었다.

13) 마지막 업무 그리고 사표

1938년 마가렛은 호주에서의 휴가를 마치고 다시 한국으로 복귀하였다. 그녀에게 한국은 더는 미지의 땅은 아니었지만, 불확실의 땅이었다. 환송 예배에서 빅토리아여선교연합회 해외선교부 총무인 캠벨은 다음과 같이 말하고 있다.

"데이비스 양이 낯선 업무로 복귀하는 것은 아니다. 그러나 오늘날의 상황은 불확실한 미래가 앞에 있다는 것이다."[20]

일제의 통치 속에서 정치적이고 종교적인 복잡한 관계는 동래일신여학교를 포함하여 모든 미션스쿨의 장래를 어둡게 하고 있었다. 일본의 군국주의로 인한 전쟁의 그림자는 모든 종교적 관용을 무너뜨리고 있었고, 과거 신앙의 자유를 더는 누릴 수 없었다. 여선교연합회와 마가렛은 학교를 더 이상 운영할 수 없을지도 모른다는 것을 알고 있었다.

"미래가 어떻게 펼쳐지던, 우리의 환송 메시지를 한국으로 함께 가져가기 바란다. 어려운 시기에 바울이 에베소교회에 준 말씀이다. 6장 10절~13절."[21]

1939년 1월 4일 진주에서 있었던 호주선교사 공의회는 신사참배에 관한 입장을 다시 한번 확고히 하였다. 공의회는 이미 1936년 교

---

20) '더 크로니클', 1938년 9월 1일, 4.
21) 앞의 책, 4.

회와 학교에서 신사불참배의 견해를 확실히 밝히었지만, 이번에 재확인 한 것이다. "신사에 절하는 행위는 하나님의 진리 즉 그리스도를 증거하여야 하는 기본적인 의무에 위반되는 것"임을 분명히 하였다.

호주선교회 소속 학교의 학교장들은 이것이 무엇을 의미하는지 알고 있었다. 마가렛은 동래일신여학교도 일제에 의하여 폐교될 것임을 예견하고 있었다. 그런데도 그녀는 일말의 기적을 기대하며 학교와 출석하는 182명의 학생을 위하여 계속 정진하였다. 그녀는 학교 건물 증축에 약속한 돈을 속히 보내 달라고 호주교회에 연락하였다. 그리고 멜버른의 여선교연합회는 3월에 열린 정기모임에서 약속한 900파운드를 보낼 것을 승인하였다.

1940년 1월 '더 크로니클' 선교지는 마가렛이 사표를 냈다는 소식을 담고 있다. 이해 6월까지 임기를 마치고 호주로 귀국한다는 설명이었다. 빅토리아여선교연합회는 오히려 마가렛이 호주로 돌아와 자신들의 곁에 있게 되었다며 기뻐하는 모습이었다.

그러나 이것이 진실의 전부는 아니었다. 일제가 동래일신여학교 운영이사회를 압박하여 마가렛으로 하여금 은퇴하도록 한 것이고, 7월 말에 학교를 폐교하도록 한 것이다. 마가렛은 학교를 위하여 스스로 사퇴를 하였고, 운영이사회는 경남노회가 인수하여 기독교 기관으로 계속 운영해 주기를 강력히 희망하였다. 그러나 이 방법도 결국은 여의치 않았다.

동래일신여학교 부지는 원래 동래의 한 공동체로부터 교육을 목적으로 헐값으로 매입한 것인데, 판매할 경우 그 가격 그대로 건물과 함께 다시 되돌린다는 조건이 계약서에 있었다. 결국, 학교는 5만 엔 현찰에 다시 넘어가게 되었다. 그동안 호주교회의 정성 어린 모금으로 크게 발전된 학교 대지 위의 학교 건물, 기숙사, 그리고 교장 사택 등

이 이렇게 학부모 단체 손으로 넘어가게 된 것이다.[22]

동래일신여학교는 그 후 '일신'이란 단어가 빠진 동래고등여학교로 개명되었고, 일본인이 교장이 되었다. 그리고 학교 교과과목에서 성경 과목도 사라졌다.[23] 해방 후 학교는 발전을 거듭하여 오늘날 동래여자중학교와 동래여자고등학교로 부산 지역사회의 유명 교육기관으로 성장하였고, 2025년 개교 130주년을 맞는다.

에필로그

1940년 6월 부산진에서 열린 연례 호주선교사 공의회는 다음과 같은 기록을 남기고 있다.

"우리는 마가렛의 친구로 동역자로 그리고 선교사로 그녀가 30년 동안의 헌신을 마치고 한국 땅을 떠나게 됨을 심히 유감으로 생각한다. 그녀의 충성심과 신실함은 그녀의 탁월한 자질이었다… 그녀의 진짜 사역은 여학생들의 마음에 기독교인의 성정을 심는 것으로, 그녀가 가르친 여학생들의 삶 속에 지속하고 있고, 그리스도가 다시 오는 날까지 계속될 것이다."[24]

호주로 귀국한 마가렛은 빅토리아의 여러 곳을 다니면서 강연도 하고 반가운 사람들과도 만났지만, 그러나 또 하나의 큰 임무가 기다리고 있었다. '더 미셔너리 크로니클(The Missionary Chronicle)' 선교지의 편집인이 된 것이다. '더 크로니클'은 빅토리아여선교연합회와

---

22) '더 레코드', V.27, 4.
23) T-Gray, 103-104.
24) '더 레코드', V.27, 32.

총회 해외선교부의 매우 중요한 월간지로 1906년에 창간되었다. 한국을 포함한 해외 선교활동을 호주교회 구석구석에 알려 자신들이 지원하는 선교사들의 소식과 선교의 중요성, 그리고 모금의 필요성을 홍보하는 기관지이다.

마가렛은 '더 크로니클' 편집인으로 1941년 5월부터 1960년 2월까지 19년을 봉사하고 완전히 은퇴하였다. 마가렛은 건강이 안 좋았지만, 다행히 의사인 여동생 진이 옆에 있었다. 그로부터 3년 후, 마가렛은 1963년 6월 23일 별세하였다. 그녀는 자신이 다녔던 중고등학교인 프레스비테리안 레이디스 칼리지 건너편에 있는 버우드 공동묘지에 묻혔다. 존과 애니 데이비스 부모의 묘에 합장된 것이다.

<참고 도서>

김경석,『부산의 기독교 초기선교사』, 한세 인쇄, 2013.
동래학원 백주년편찬위원회,『동래학원 백년사』, 1995.
빅토리아여선교연합회,「더 미셔너리 크로니클」, 멜본, 1909-1941.
커와 앤더슨, 양명득 편역,『호주장로교 한국선교역사 1889-1941』, 동연, 2017.
페이튼과 캠벨, 양명득 편역,『호주장로교 한국선교 설계자들』, 부산진교회, 2020.
톰슨-그레이 저, 양명득 역,『첫 호주인 선교사 헨리 데이비스와 그의 조카들』, 동연, 2020.
호주장로교선교회,「더 레코드」, V.27, 1940.
John T-Gray,『How Great Thine Aunt』, Publicious Book Publishing, 2018.